So schmeckt das
Weinviertel

Elisabeth Lust-Sauberer · Andreas König

So schmeckt das Weinviertel

100 traditionelle Rezepte
aus dem Land der sanften Hügel

Mit Fotos von
René van Bakel

pichler verlag

Inhalt

Weinviertler Tischgebet

Was aufgesetzt wird auf den Tisch,
das segne uns, Herr Jesus Christ.
Speis uns, o Herr, mit deinem Wort,
auf dass wir satt werden hier und dort.
O lieber Herr, du wolltest uns geben
nach dieser Welt das ewige Leben.
Amen.

Lust aufs Weinviertel

Ist die Rede vom Weinviertel, kommen mir viele Bilder in den Sinn. Sei es die Vielfalt der Landwirtschaft, seien es die Kellergassen, die regionaltypischen Ortsbilder, die vielen Sehenswürdigkeiten und Kulturschätze. Und nicht zuletzt denke ich an die besonders gemütliche Atmosphäre, die diese Region so lebens- und liebenswert macht.

Dieses Buch soll die Lust wecken, das Weinviertel mit allen Sinnen zu genießen. Man muss dazu nicht unbedingt ein Meisterkoch oder eine Meisterköchin sein – es geht einfach darum, sich das Weinviertel genau anzusehen, die Lebensmittel im Spiegel der vier Jahreszeiten zu entdecken und das Saisonale und Regionale schätzen zu lernen, so wie wir es früher gewohnt waren.

Kochen ist für mich ein Erlebnis, bei dem es nicht einfach darum geht, Familie und Freunde satt zu machen. Für mich bedeutet es auch ein Leben im Einklang mit der Natur. Ich als Bäuerin aus Leidenschaft bin überzeugt, dass wir uns glücklich schätzen können, in dieser Vorratskammer der Natur zu leben und die Grundzutaten für unsere Mahlzeiten direkt vor unserer Haustüre zu finden.

Alte Küchengeheimnisse

Oft werde ich gefragt, woher ich mir die Anregungen für meine Rezepte hole. Zum Teil lasse ich mich von alten Kochbüchern inspirieren, die ich mit Begeisterung sammle. Aber auch der Verwandten- und Bekanntenkreis versorgt mich immer wieder mit wertvollen Tipps und Geheimnissen aus Urgroßmutters Küche.

Herzlich bedanken möchte ich mich bei meinem Mann Josef und meinen Kindern Nathalie und Madeleine. Sie probierten und kosteten eifrig meine Kreationen und halfen mir mit Lob und Kritik, meine Rezepte noch mehr auszufeilen.

Manchmal braucht man einen Anstoß von außen, damit man das Wertvolle und Schöne seiner eigenen Umgebung mit anderen Augen sehen kann. Das ist dem Fotografen René van Bakel und dem Journalisten Andreas König gelungen. Durch sie sehe ich vieles mehr in dieser Region

Niederösterreichs, was für mich schon selbstverständlich und daher nicht mehr wahrnehmbar war.

Fünf Regionen

Den Zauber der Landschaft und die Vielfalt der Gerichte abzubilden, das haben wir uns mit diesem Kochbuch zur Aufgabe gemacht. Zur besseren Übersichtlichkeit ist das Buch in die fünf Hauptregionen des Weinviertels gegliedert, wobei jeweils die Besonderheiten und Schwerpunkte der regionalen Küche im Mittelpunkt stehen.

Ich lade Sie nun alle ein zu einem von Neugier geprägten Spaziergang durch das kulinarische Weinviertel. Folgen Sie mir also auf die Entdeckungsreise in das Marchfeld, die Erdäpfelregion Stockerau, das Veltlinerland, das Kürbisland um Retz und nicht zuletzt in den Wagram. In jedem dieser Kapitel finden Sie zu Beginn die Suppen, anschließend die sauren Haupt- und Zuspeisen. Dann gibt es die Süßspeisen, und am Schluss stehen immer jene Rezepte, die sich der Vorratshaltung zuordnen lassen.

Als besonderes Schmankerl habe ich zum abschließenden Höhepunkt ein fein komponiertes Weihnachtsmenü, mit einem Gansl als Hauptgang, für Sie zusammengestellt.

Ich wünsche viel Freude beim Nachkochen und natürlich „Guten Appetit“ und „Prost“ bei einem Glas Weinviertler Qualitätswein!

Elisabeth Lust-Sauberer

Elisabeth Lust-Sauberer bei Fernsehaufnahmen für die ORF-Sendung „heute leben“, in der sie regelmäßig praktische Tipps für Haushalt und Küche präsentiert.

Kornkammer und Weingarten

Annäherungen an das Weinviertel

Dem Weinviertel kann man sich auf vielfältige Weise und aus zahlreichen Blickwinkeln annähern: beispielsweise geografisch, historisch, politisch, wirtschaftlich, landschaftlich, weinkundlich. Und natürlich kulinarisch. Die Liste ließe sich noch lange fortsetzen.

Der Geograf wird zuerst einmal versuchen, die Grenzen festzulegen: Im Süden die Donau, das ist ganz eindeutig. Im Norden und Osten die Staatsgrenze zur Slowakei und zu Tschechien, die über weite Strecken mit den Flüssen March und Thaya ident ist. Nach Westen hin bildet der Manhartsberg die Abgrenzung zum Waldviertel – auf diesen Höhenzug werden wir später noch kurz zu sprechen kommen.

Der Geograf betrachtet das Weinviertel auch im Kontext österreichischer und europäischer Großlandschaften. Das brettlebene Schwemmland des Marchfelds sieht er als Teil des Wiener Beckens. Das Hügelland zählt er zum Karpaten-Vorland. Besonders zu erwähnen ist die Bodenbeschaffenheit: Der naturgegebene Reichtum des Weinviertels ist auf Löss gegründet – Flugsand, der in der Eiszeit aus den Schotterterrassen großer Flusstäler angeweht wurde. Lössböden sind die fruchtbarsten Böden Österreichs und der Schlüssel zu dem Geheimnis, warum gerade hier so viele unterschiedliche agrarische Produkte gedeihen: Obst und Wein, Erdäpfel und Getreide, Mais und Sonnenblumen, Kürbis und Zuckerrüben, Kraut und Salat, um nur einige zu nennen. Das Weinviertel schmückt sich also zu Recht mit Beinamen wie „Gemüsegarten Wiens" oder „Kornkammer Österreichs".

Der (verwaltungs)politischen Einteilung nach ist das Weinviertel Teil des Bundeslandes Niederösterreich, so viel darf als bekannt vorausgesetzt werden. Es gliedert sich in die politischen Bezirke Gänserndorf, Korneuburg, Mistelbach und Hollabrunn, und auch Teile der Bezirke Wien-Umgebung, Tulln, Krems und Horn muss man zum Weinviertel zählen.

Schicksalsschlacht

Für die Geschichtsschreibung ist wichtig, dass einst auf Weinviertler Boden das Schicksal Österreichs entschieden wurde. Im Jahr 1278 besiegte Rudolf I. in der Schlacht bei Dürnkrut und Jedenspeigen seinen böhmischen Widersacher Ottokar. Es war eine der größten Ritterschlachten Europas, und sie legte den Grundstein für die bis 1918 dauernde Herrschaft der Habsburger in Österreich. Das Weinviertel wuchs in der Monarchie in eine Brückenfunktion zwischen der Kaiserstadt Wien und Böhmen und Mähren hinein. Kein Wunder, dass es zu einem kulinarischen Austausch zwischen den Regionen kam, man denke nur an die Knödel, die diesseits und jenseits der Grenze in so vielen Varianten auf den Tisch kommen.

Noch mehrmals geriet das Weinviertel in den Strudel der Geschichte. In der Türkenzeit und in den napoleonischen Kriegen war es Aufmarschgebiet gewaltiger Armeen. Die Zerstörungen des Zweiten Weltkriegs, zehn Jahre sowjetische Besatzung nach 1945 und 40 Jahre Randlage am Eisernen Vorhang hemmten die wirtschaftliche Entwicklung. So herrschen auch heute noch Landwirtschaft und kleines oder mittleres Gewerbe vor, große Industriebetriebe muss man hingegen mit der Lupe suchen. Daraus kann heute aber zumindest der Tourismus Kapital schlagen, weil das Weinviertel eine gepflegte und intakte Landschaft vorweisen kann, die von groben Umweltsünden verschont geblieben ist.

Historisch interessierte Kenner der Region mögen darauf verweisen, dass

der Begriff „Weinviertel“ erst seit gut 100 Jahren allgemein gebräuchlich ist. In alten Büchern, Karten und Dokumenten findet sich noch die Bezeichnung „Viertel unter dem Manhartsberg“. In der katholischen Kirche gilt diese Einteilung bis heute: Das „Vikariat Unter dem Manhartsberg“ ist Teil der Erzdiözese Wien.

Weißweinland

Dabei gibt es aus Sicht des Weinkundigen keine Region in Österreich, die den Namen Weinviertel mit mehr Berechtigung tragen könnte. Dazu ein paar Zahlen: Mit 13.300 Hektar Rebfläche ist es die größte Weinbauregion Österreichs. Der Vollständigkeit halber: Hervorragende Winzer gibt es auch am Wagram und im Kamptal, die aber als eigene Weinbaugebiete ausgewiesen sind und daher in diesem Sinne nicht zum definierten Weinbaugebiet Weinviertel zählen. In Summe heißt das auf jeden Fall, dass etwa jeder dritte Weinstock Österreichs in den sonnenverwöhnten Weinviertler Lagen steht.

Der Weinkenner weiß natürlich, dass die dominante Sorte im Weinviertel der Grüne Veltliner ist. Sein Anteil beträgt annähernd 50 Prozent, in manchen Regionen liegt er sogar deutlich darüber. Andere Weißweine wie Welschriesling, Müller-Thurgau, Riesling und Weißburgunder folgen mit deutlichem Abstand. Beim Rotwein, der insgesamt eine untergeordnete Rolle spielt, machen die Sorten Zweigelt und Blauer Portugieser den Löwenanteil aus.

Nun genießt der Grüne Veltliner ja nicht gerade den Ruf, ein besonders

lieblicher Tropfen zu sein. Früher hat man ihn gerne abfällig als „Brünnerstraßler“ abgetan, und wer dieses Wort aussprach, verzog dabei meist das Gesicht, als hätte er eben einen Schluck Essig genommen.

Das ist mittlerweile ein alter Hut. Dank den Bemühungen der Winzer ist in den vergangenen Jahren ein deutlicher Qualitäts- und damit auch Imagesprung nach oben gelungen. Seit 2003 ist das Weinviertel eine DAC-Region. DAC steht für „Districtus Austriae Controllatus“ und ist eine Herkunftsbezeichnung für regionaltypische Weine. Nur Weine der Sorte Grüner Veltliner, die genau festgelegten Qualitätskriterien entsprechen, dürfen sich mit der Herkunftsbezeichnung „Weinviertel DAC“ am Etikett schmücken. Geschmacklich ist nach wie vor ein gewisser „Pfeffer“ das Charakteristikum dieser Weine.

Häferlgucker

Stichwort „Pfeffer“: In diesem Kochbuch, wie sollte es anders sein, nähern wir uns dem Weinviertel in erster Linie in der Rolle des Häferlguckers an. Wir werden einen Blick in Teller und Suppenschüsseln, in Pfannen und Töpfe, auf den Herd und ins Backrohr, in den Keller und die Vorratskammer werfen. Und wir schauen in die Gärten und auf die Felder, die uns so reichlich mit feinen Zutaten versorgen.

Sofort fällt auf, wie sehr Küche und Landschaft vom Charakter zusammenpassen. Die Weinviertler Küche ist keine, die mit Pomp und Trara daherkommt. So wie die Landschaft auch, bevorzugt sie Vielfalt und Aus-

gewogenheit, ohne sich spektakulär in den Vordergrund zu spielen. Extrem scharfes Würzen ist ihre Sache nicht, sie achtet vielmehr auf Eigengeschmack, Bekömmlichkeit und viel Liebe bei der Zubereitung. Für jeden ist etwas dabei: für Fleischesser und Vegetarier, für Mehlspeistiger und Suppenliebhaber und, und, und ...

Gemütlichkeit

Die Menschen im Weinviertel – was gibt es über sie zu sagen? Als bescheiden und arbeitsam, gastfreundlich und gemütlich, so werden sie oft beschrieben. Auf keinen Fall als aufdringlich oder oberflächlich. Weinviertler Ortschaften thronen daher selten auf Bergkuppen, sondern schmiegen sich unauffällig in Mulden und Flusstäler.

Die Weinviertlerinnen und Weinviertler haben einen großen Hang zur Geselligkeit und zum Gemeinschaftsleben. Auch das manifestiert sich in der Siedlungsform. Die Menschen bauen ihre Behausungen rund um die Kirche, den Dorfplatz oder an der Durchzugsstraße. Allein stehende Häuser oder einschichtige Gehöfte sind kaum zu finden.

Selbst die viel zitierten Kellergassen, die ja so etwas wie die Aushängeschilder der Region geworden sind, drücken in ihrer Gestaltung den Wunsch nach Verbundenheit aus: Kellerstöckl lehnt sich an Kellerstöckl, jeder ist zwar sein eigener Herr, schätzt aber gleichzeitig die Geborgenheit und den Kontakt mit der Nachbarschaft. So eine Kellergasse – um die 1.000 soll es im Weinviertel geben – ist mehr als eine Ansammlung von schlichten

Profanbauten zum Zwecke der Weinerzeugung. Sie ist Ausdruck einer speziellen Lebensart, ja einer Philosophie, und niemand hat dieses eigenartige Biotop anschaulicher beschrieben als der Autor Alfred Komarek in seinen „Polt"-Romanen.

Dieses Kulturerbe ist allerdings bedroht. Die moderne Weinwirtschaft fordert größere Dimensionen für Produktion und Lagerung. Doch noch sind viele Kellergassen fixe Schauplätze des gesellschaftlichen Lebens, speziell im Herbst, wenn der Wein mit der Lese seine Hochsaison hat. Wie überhaupt die Weinviertler es trefflich verstehen, Feste zu feiern und sich zu unterhalten. Jeder, der schon einmal das Weinlesefest in Retz, das Zwiebelfest in Laa, den Hüatagang im Raum Haugsdorf oder einen der zahlreichen Kirtage erlebt hat, wird das bestätigen.

Wo sich Menschen zusammenfinden, wird natürlich gegessen und getrunken. Speis und Trank halten nicht nur Leib und Seele jedes Einzelnen zusammen, sie stärken auch das Gemeinschaftsgefühl, sei es in der Familie, in der Nachbarschaft oder im größeren Freundes- und Bekanntenkreis.

Was gibt es Schöneres, als mit einem Kochbuch einen kleinen Beitrag zu dieser Kultur zu leisten.

Andreas König

IN
RI

Wein in der Küche

Wein spielt einerseits als Geschmacksverbesserung für viele Speisen eine große Rolle. Wein ist aber auch ein wesentlicher Bestandteil gepflegter Tischkultur. Er ist nicht nur wohlschmeckend, er ist auch bekömmlich und er regt die Verdauung an.

Der alte Grundsatz, dass zu dunklem Fleisch (Rind, Wild) Rotwein und zu hellem Fleisch (Kalb, Geflügel, Fisch ...) Weißwein kredenzt werden muss, ist heutzutage überholt. Das oberste Gebot für mich ist, dass er mir zu dem Essen schmeckt.

Ein paar Empfehlungen aus meiner Sicht:

Zu Fisch passt ein spritziger, blumiger trockener Weißwein. Zu Schweinefleisch serviere ich am liebsten einen eher kräftigen, mit fruchtiger Säure betonten Weißwein.

Zu Geflügel schätze ich milde, aber würzige Weißweine. Ausgenommen zur Gans, da bevorzuge ich einen nicht zu kräftigen Rotwein.

Beim Rindfleisch liebe ich die Abwechslung: Einmal einen kräftigen, milden Weißen, ein andermal greife ich zum Roten.

Zum Spargel gehört für mich ein milder, neutraler Weißwein.

Zu typischen Wildgerichten, beispielsweise Hase oder Wildschwein, stelle ich gerne einen kräftigen, dunklen Rotwein auf den Tisch. Aber auch sehr vollmundige Weißweine harmonieren bestens.

Süßspeisen verlangen auch beim Wein nach etwas Süßem, da trifft es sich gut, wenn man Auslesen oder Spätlesen im Keller hat. Weine mit einem vollen Sortenbukett wie z. B. Traminer passen ebenfalls wunderbar.

Zur Brettljause servieren wir natürlich am liebsten „unseren" Grünen Veltliner, der gerade für das Weinviertel so typisch ist wie kein Zweiter.

Am besten genießen wir die Verbindung von Essen und Wein bei einer typischen österreichischen Institution, nämlich beim Heurigen bzw. in der Buschenschank. Die meisten Weinbaubetriebe haben einmal oder mehrmals jährlich „ausg'steckt", das heißt, sie verwöhnen in dieser Zeit Gäste aus nah und fern mit den Schätzen aus Küche und Keller.

Ein besonderer Anlass ist dabei das „Martiniloben", das auch in unserem Betrieb einen Fixpunkt im Jahreskreislauf darstellt. Beim Martiniloben wird gerne der Wein des aktuellen Jahrganges mit einem Gansl „gelobt". Ab dann nämlich, ab Martini am 11. November, sagt man beim Zutrinken nicht mehr „Mahlzeit", jetzt darf man auch beim Jungwein „Prost" sagen – der Wein ist fertig!

Elisabeth Lust-Sauberer

Lust
Saubarer
Weinviertel
Lust
Rheinriesling
Lust
Rubino

Gemüsegarten Marchfeld

Das Tiefland zwischen Donau und March ist so etwas wie das Vitamindepot der Republik. Flach wie das Gelände nun einmal ist, eignet es sich ideal für den großflächigen Anbau von Spargel, Karotten, Erbsen, Spinat, Salat und vielen anderen Feldfrüchten. Die Millionenstadt Wien bezieht hier einerseits frische Ware, andererseits landet ein erklecklicher Teil der Ernte in Tiefkühlkost und Fertiggerichten.

Weit über die Grenzen der Region hinaus bekannt sind die Marchfeldschlösser, wie Niederweiden, Orth und Eckartsau. Am prominentesten ist unbestritten Schloss Hof, dessen Geschichte untrennbar mit Prinz Eugen verbunden ist. Der große Feldherr und Sieger über die Türken hielt sich gern im Marchfeld zur Jagd auf. Schloss Hof ließ er ab 1725 zu einer prächtigen Barockresidenz ausbauen. Das Schloss und die einzigartige barocke Gartenanlage bilden heute den würdigen Rahmen für prächtige Feste und kulturelle Veranstaltungen auf höchstem Niveau.

Karottensuppe

Mit simplen Ingredienzien lässt sich eine g'schmackige Suppe zubereiten, die noch dazu appetitanregend anzusehen ist.

ZUTATEN

500 g Karotten
1 Zwiebel
2 EL Öl
1,5 l Gemüsesuppe
1/4 l Schlagobers
Salz, Pfefferkörner
Lorbeerblatt, geriebener Ingwer, Muskatnuss
gehackte Petersilie zum Bestreuen

● Die Zwiebel schälen und feinwürfelig schneiden, ebenso die Karotten. Öl in einem Topf erhitzen und darin die Zwiebel und Karotten anschwitzen. Dann mit der Gemüsesuppe aufgießen, mit Lorbeer, Pfefferkörnern und Muskat würzen. Sobald alle Zutaten weich gekocht sind, können Sie die Suppe pürieren. Das Schlagobers leicht aufschlagen und in die Suppe geben. Mit Ingwer abschmecken, das verleiht dem Gericht eine besondere Note.

TIPP DER KÖCHIN: „Zum Eindicken koche ich manchmal eine Scheibe Weißbrot mit. Beim Pürieren den Pürierstab zum Schluss knapp an der Oberfläche halten, so lässt sich ein dekorativer Schaum erzeugen."

Stichwort SUPPE

Zu meiner Jugendzeit wäre ein Mittagessen auf den Bauernhöfen ohne Suppe undenkbar gewesen – und so ist es auch heute noch. Die Bauern mussten schwer arbeiten und brauchten eine gute „Unterlage". Eingebrannte Suppen oder Suppen mit Knödeleinlage vor der Hauptmahlzeit waren dazu gut geeignet, aber auch der Sparsamkeit der Bäuerinnen zuträglich. Damals herrschte das absolute Patriarchat. Der Bauer nahm als Erster mit dem großen Schöpfer Suppe aus dem großen Suppentopf, der auf dem Bauerntisch stand. Erst dann folgten der Reihe nach Frau, Kinder und das Gesinde. Da es aber der Brauch war, den Löffel hinzulegen, wenn der Bauer mit dem Suppenessen fertig war, konnte es mitunter sein, dass der Letzte in der Reihe einer großen Tafelrunde aus Zeitgründen gar keine Suppe mehr bekam!

Aus der Erinnerungstruhe von Elisabeth Schöffl-Pöll

Spargelsuppe

Frischen Spargel erkennt man daran, dass er glänzt und leicht bricht. Außerdem sollte der „Kopf" fest verschlossen sein.

ZUTATEN

500 g weißer Suppenspargel
120 g Butter
50 g Mehl
etwas Salz, Zucker
1/4 l Obers
1 Eidotter
1/16 l Weißwein
Muskatnuss, weißer Pfeffer

- Schälen Sie den Spargel und entfernen Sie die holzigen Enden – diese werden aber nicht gleich weggeworfen, sondern zuerst in Salzwasser mit Butter und Zucker ca. 15 Minuten gekocht. Den Fonds durch ein Sieb gießen, und in der Flüssigkeit den in Stücke geschnittenen Spargel garen.
- Die Butter in einem Topf zerlassen, das Mehl einrühren, bis es glatt ist, und dann mit dem Spargelfonds aufgießen. Die Spargelspitzen stellen Sie beiseite, die restlichen Spargelstücke werden püriert. Dotter und Obers verquirlen und in die Suppe gießen. Wichtig: Die Suppe sollte nun nicht mehr kochen!
- Die beiseite gestellten Spargelspitzen gibt man zum Schluss als Einlage in die Suppe. Zum Abschmecken verwenden Sie weißen Pfeffer, Muskat und Salz.

TIPP DER KÖCHIN: „In ein feuchtes Tuch gewickelt, kann Spargel ein paar Tage im Kühlschrank frisch gehalten werden. Wird er eingefroren, muss er vorher geschält werden. Wenn ich ihn aus der Tiefkühltruhe nehme, gebe ich ihn direkt in leicht kochendes Wasser."

Hühnerkeulen in Rotweinsoße

Huhn vom Bauernhof, das mit Getreide und Mais gefüttert wird, besticht durch besonderen Geschmack und einen leichten Gelbton beim Fleisch. Hühnerfleisch ist eiweißreich, kalorienarm und überdies leicht verdaulich.

ZUTATEN

4 Hühnerkeulen
1/2 l Rotwein
2 EL Honig
1 Zwiebel
frische Kräuter der Saison
Salz, Pfeffer
1 EL Butterschmalz

- Die Hühnerkeulen mit Salz und Pfeffer würzen und mit Honig bestreichen. Die fein gehackte Zwiebel in Butterschmalz anrösten, mit Rotwein aufgießen und auf kleiner Flamme eindicken lassen. Dann legen Sie die Hühnerkeulen in die Soße. Bei 180 °C im Rohr 30 Minuten braten. Kurz vor dem Ende der Garzeit mit den Kräutern bestreuen.
- Als Zuspeise eignen sich hervorragend junge Zucchini, die halbiert und in aufgeschäumter Butter gebraten werden, sowie gekochte Erdäpfel mit Rosmarin.

BALSAMICOSAUCE: Ca. 40 g Zucker in einer beschichteten Pfanne hell karamellisieren, mit 1/4 l roten Weinessig ablöschen und zu einer dicklichen Soße einkochen lassen.

Feldhase in Wurzelsoße

Wildfleisch kommt direkt aus der Natur. Es ist ein Eiweißlieferant mit geringem Fettanteil.

ZUTATEN

1 zerteilter Feldhase
150 g Speck
2 Zwiebeln
2 Karotten
1/2 Sellerieknolle
2 Essiggurken
1/4 l Rotwein
1 EL Kakao
2 EL Schmalz
100 g Mehl

FÜR DIE BEIZE

1/4 l Sauermilch
1 Zitronenschale
1 Orangenschale
1 Schuss Essig
5 zerdrückte Wacholderbeeren
1 Lorbeerblatt
1 Thymianzweig
1 Prise Zucker
Salz, Pfeffer

- Bereiten Sie die Beize mit den angegebenen Zutaten am Vortag zu und lassen Sie den portionierten Hasen über Nacht darin liegen.
- Erst Speck und Zwiebel würfelig schneiden und anrösten, dann das Fleisch dazugeben und rösten, ebenso das geschnittene Gemüse und die Essiggurken. Zum Schluss wird mit Rotwein abgelöscht.
- Gießen Sie nun den Braten mit Wasser und etwas Beize auf. In dieser Flüssigkeit wird das Hasenfleisch weich gekocht, was rund 1,5 Stunden dauert.
- Am Ende der Garzeit das Fleisch herausnehmen und warm stellen. Jetzt gilt es, die Soße zu verfeinern. Dazu die nach dem Braten verbliebene Flüssigkeit mit einem Sieb abseihen. Gießen Sie damit eine vorbereitete „Einbrenn“ (2 EL Schmalz mit dem Mehl in der heißen Pfanne abbrühren) auf. Diese Flüssigkeit nochmals aufkochen.
- Ein Esslöffel Kakao sorgt für eine besonders appetitanregende dunkle Farbe. Zuletzt wird die Soße mit Salz, Pfeffer und Essig pikant abgeschmeckt.
- Die Hasenstücke kommen in der Soße auf den Tisch.

Erdäpfellaibchen

Mit einfachen Erdäpfelrezepten hat man die geschmackliche Qualität dieser vitaminreichen Feldfrucht wieder in den Blickpunkt gerückt. Im Weinviertel findet man Spitzenqualität bei mehligen, speckigen und auch bei vorwiegend fest kochenden Erdäpfelsorten.

ZUTATEN

500 g gekochte, passierte Erdäpfel
250 g Topfen
2 Eier
120 bis 150 g Mehl
Salz, Pfeffer
Muskatnuss
Knoblauch
Petersilie
300 g Gemüse, würfelig geschnitten (gekocht) oder fein geraspelt (roh)
150 g würfelig geschnittener Hartkäse
Semmelbrösel zum Wälzen

● Alle Zutaten in einer Schüssel miteinander vermengen. Formen Sie eine Rolle und schneiden Sie diese in 2 cm dicke Scheiben, welche in den Bröseln gewälzt werden.
In Butterschmalz goldbraun backen.

TIPP DER KÖCHIN: „Lasse ich das Mehl weg, kann ich die Laibchen auch bei 200 °C im Rohr garen (ca. 15 Minuten)."

Spinatknödel

Alternativ zum Spinat sollten Sie dieses Rezept auch einmal mit Mangold oder im Frühjahr mit Bärlauch probieren.

ZUTATEN

400 g Spinat
300 g Knödelbrot
1/4 l lauwarme Milch
2 Eier
100 g Mehl
100 g Butter
1 gehackte Zwiebel
2 gehackte Knoblauchzehen
Salz

- Den frischen Spinat blanchieren und fein schneiden. Falls Sie Tiefkühlspinat verwenden, diesen gut ausdrücken und fein schneiden. Das Knödelbrot mit Eiern, Milch, Spinat, Butter und Mehl vermengen. Geben Sie die angeschwitzte Zwiebel, Salz sowie Knoblauch dazu und lassen Sie die Masse ca. 15 Minuten stehen.
- Mit nassen Händen Knödel formen und über Dampf ca. 15 Minuten ziehen lassen.
- Butter bis zum Braunwerden erwärmen, damit die Knödel übergießen. Mit geriebenem Käse, den Sie vor dem Servieren darüberstreuen, machen Sie den Genuss perfekt.

Rindsrouladen

Rindfleisch ist ein Sammelbegriff für Fleisch von Ochsen, Jungstieren und Kalbinnen – das sind ausgewachsene junge weibliche Rinder, die selbst noch nicht gekalbt haben. Rindfleisch muss abgehangen sein, und richtiges Schneiden – quer zur Faser – erhöht den Genuss.

ZUTATEN

4 Rindsschnitzerl
4 Scheiben Frühstücksspeck
1 Karotte
Sellerie
Jungzwiebel
Essiggurkerl
Champignons
Salz, Pfeffer, Lorbeer
Senf
2 EL Tomatenmark
1/8 l Rotwein
1/4 l Schlagobers
1/4 l Rindssuppe
Butterschmalz

- Die Rindsschnitzerl vorsichtig zwischen einer Frischhaltefolie klopfen. Auf diese Weise bleibt die Struktur erhalten, und das Fleisch wird zarter.
- Zwiebel, Karotte und Sellerie werden in Würfel geschnitten. In einer Pfanne Butterschmalz erhitzen und das Gemüse darin anbraten, bis es eine appetitliche Farbe hat. Zur späteren Verwendung zur Seite stellen.
- Für die Rouladen die Rindsschnitzerl mit Senf bestreichen und mit dem Geselchten und Gurkerl belegen. Jungzwiebel, Karottenstifte und Champignons komplettieren die Fülle. Das Fleisch eng zusammenrollen und mit Zahnstochern, Rouladennadel oder Faden fixieren.
- Rösten Sie die Rouladen in einem Topf an. Daraufhin folgt das Tomatenmark, schließlich wird alles mit Rotwein abgelöscht. Jetzt gibt man das geröstete Gemüse dazu und gießt mit Suppe auf. Lorbeer und Pfefferkörner sorgen für zusätzliche Würze.
- Dann werden die Rouladen köchelnd weich gedünstet, was ca. 45 Minuten dauert. Schließlich heben Sie die Rouladen aus dem Gemüse.
- Soße abseihen, mit Obers aufgießen und etwas einkochen lassen, bis sie dickflüssig ist. Zu den Rouladen servieren.

TIPP DER KÖCHIN: „Als Beilage essen wir am liebsten Salzerdäpfel, wobei ich die Sorte Ditta bevorzuge."

Spargelkuchen

Die Saison für frischen Spargel dauert nur wenige Wochen. Spargel wirkt entwässernd und ist daher gesund für Nieren und Harnwege. Überdies macht Spargelessen angeblich glücklich, weil dadurch die Glückshormone im Gehirn aktiviert werden.

ZUTATEN FÜR DEN TEIG

150 g Topfen (10 %)
1 TL Salz
3 EL Rapsöl
200 g Mehl

FÜR DEN BELAG

750 g Spargel
150 ml Crème fraîche
250 g Österzola-Käse
2 Eier
Salz, Pfeffer, Muskatnuss

- Vermengen Sie für den Teig alle Zutaten. Eine halbe Stunde im Kühlschrank rasten lassen, in dieser Zeit können Sie den Belag zubereiten. Den Spargel schälen, die trockenen Enden abschneiden und ca. 5 Minuten dünsten. Dann mit kaltem Wasser abschrecken.
- Den Ofen auf 200 °C vorheizen. Crème fraîche mit den Eiern gründlich verrühren und mit Salz, Pfeffer und Muskat nach Belieben würzen. Diese Masse streichen Sie auf den „ausgerasteten" Teig, den Sie zuvor in eine gefettete Form gelegt haben. Die Spargelstücke werden darauf verteilt, ebenso der würfelig geschnittene Käse.
- Rund 20 Minuten im Rohr backen und heiß servieren!

TIPP DER KÖCHIN: „Um den Österzola besser in Würfel schneiden zu können, lege ich ihn zuvor für rund 15 Minuten in das Tiefkühlfach."

Rindfleischsalat

Eignet sich zu jeder Jahreszeit gut als Vorspeise. Eine ideale Resteverwertung für übrig gebliebenes Rindfleisch.

ZUTATEN

250 g gekochtes Rindfleisch
1 rote Zwiebel
je 1 halber gelber, roter und grüner Paprika
2 Jungzwiebeln
250 g Cocktailparadeiser
Blattsalat
kleine Gurken

MARINADE

3 Teile Rapsöl
1 Teil Weinessig
Salz, Pfeffer
Knoblauch, eine Prise Zucker, frische Kräuter, Senf

● Schneiden Sie zuerst das Rindfleisch fein auf. Das bunte Gemüse in Scheiben bzw. Streifen schneiden und mit dem Rindfleisch anrichten. Zu guter Letzt die Marinade anrühren und über den Salat gießen.

Gemüsewaffel

Sowohl sauer als auch süß, Waffeln sind bei der ganzen Familie ein Renner.

ZUTATEN

100 g glattes Mehl
150 g Dinkelmehl
200 g Butter
100 g Zucker
4 Eier
50 g geriebene Walnüsse
1 kleine Zucchini
1 kleine Karotte
1/16 l Weißwein
Salz, Pfeffer
geriebene Zitronenschale
Butterschmalz

- Butter, Zucker, Wein und Eier schaumig rühren. Zucchini und Karotte fein raspeln, mit Nüssen, Mehl sowie Gewürzen vermengen und unter die Buttermasse rühren.
- Befetten Sie nun ein erhitztes Waffeleisen mit Butterschmalz, gießen Sie den flüssigen Teig darauf, und backen Sie die Waffeln.

TIPP DER KÖCHIN: „Ich bereite den Teig vor und backe die Waffeln erst kurz vor dem Bewirten der Gäste – so kann ich sie noch warm servieren."

Käsestangerl

ZUTATEN

200 g Mehl
200 g geriebener würziger Hartkäse
1/8 l Sauerrahm
100 g Butter
1 Dotter
1 EL Salz
1 Ei zum Bestreichen
Käse zum Bestreuen

- Verarbeiten Sie alle Zutaten zu einem Teig, den Sie rund 1 cm dick auswalken. Der Teig wird mit Ei bestrichen und mit Käse bestreut.
- Schneiden Sie kleine Stangen aus dem Teig, die auf ein Backblech gelegt werden.
Nach 15 Minuten bei 200 °C im Backrohr ist die pikante Knabberei fertig.

Pikanter Weinviertler Grammelstrudel

Dieses Gericht sollten Sie unbedingt als Begleitung zu einem guten Glas Wein probieren!

ZUTATEN FÜR DEN TEIG

300 g Mehl
1 Würfel Germ
1 Ei
3/16 l lauwarme Milch
1/16 l flüssige Butter

FÜR DIE FÜLLE

250 g Magertopfen
250 g faschierte Grammeln
Salz, Pfeffer
gehackter Knoblauch
gehackte Petersilie
gemahlener Kümmel

ZUM BESTREICHEN

1 Ei
Kümmel im Ganzen

- Bereiten Sie aus den angegebenen Zutaten einen Germteig zu. Dazu Germ in etwas Milch auflösen, dann zusammen mit den anderen Zutaten in einer Schüssel mit dem Knethaken gut abschlagen, bis ein mittelfester Teig entsteht. Den Teig an einem warmen Ort aufgehen lassen.
- Als Fülle verrühren Sie den Topfen mit den faschierten Grammeln und geben die Gewürze dazu.
- Nun den Teig auswalken, Fülle daraufstreichen und einrollen. Abschließend mit Ei bestreichen und mit Kümmel verzieren.
- Ehe er ins Rohr geschoben wird, muss der Strudel warm gestellt werden und erneut aufgehen. Die Backzeit beträgt etwa 45 Minuten bei 160 °C.

Osterpinzen

Dieses traditionelle Gebäck gibt es, wie der Name sagt, nur zur Osterzeit. Mit einem gefärbten Ei versehen, ist es besonders dekorativ.

ZUTATEN

1 kg Mehl
100 g Zucker
150 g weiche Butter
2 Eier
1 Päckchen zerbröselter Germ
1/4 l lauwarme Milch
1/4 l lauwarmer Wein
Anis
gefärbte Ostereier

- Zur Vorbereitung Anis über Nacht in Wein einweichen und vor der Verwendung abseihen.
- Die Teigzutaten nach und nach in die Rührschüssel geben und mit dem Knethaken gut abschlagen, bis sich der Teig von der Schüssel löst. Wer möchte, kann Rosinen dazugeben. Den gekneteten Teig an einem warmen Ort zugedeckt 30 Minuten rasten lassen, bis er sein Volumen deutlich vergrößert hat.
- Nach Ende der Ruhephase wird der Teig nochmals durchgeknetet. Teilen Sie ihn nun in Stücke zu jeweils ca. 100 g auf, welche Sie zu Kugeln formen. Diese müssen nochmals ein wenig aufgehen. Mit Ei bestreichen und mit einer Schere dreifach einschneiden, sodass das typische Pinzenmuster entsteht. Drücken Sie eine in Öl getauchte Eierschale als Platzhalter in die Mitte des Laibchens – dort, wo später das gefärbte Osterei Aufnahme finden soll.
- Im vorgeheizten Rohr ca. 20 Minuten bei 180 °C backen. Als „Krönung" wird zu guter Letzt ein buntes Osterei daraufgesetzt.

TIPP DER KÖCHIN: „Pinzen lassen sich sehr gut einfrieren. In Gefrierbeuteln kann ich sie ein paar Wochen ohne Qualitätsverlust lagern. Vor der Verwendung muss ich sie einfach bei Raumtemperatur auftauen. Fast wie frisch schmecken sie, wenn ich sie im Backrohr nochmals 10 Minuten lang bei 180 °C aufbacke."

Omas Schokoladentorte

Schmeckt sowohl zu festlichen Anlässen als auch zwischendurch zur Kaffeejause. Besonders köstlich mit hausgemachter Marillenmarmelade als Fülle.

ZUTATEN

6 Dotter
6 Eiklar
140 g Kristallzucker
140 g Mehl
1 Prise Salz
1/8 l Öl
140 g Kochschokolade
1 Päckchen Vanillezucker
1 Päckchen Backpulver
hausgemachte Marillenmarmelade als Fülle

FÜR DIE GLASUR

250 g Kochschokolade
100 g Butter

- Die sechs Eiklar mit der Hälfte des Kristallzuckers cremig aufschlagen. Anschließend die Dotter mit den verbliebenen 70 g Zucker, dem Vanillezucker und dem Salz ebenfalls cremig aufschlagen.
- Die Schokolade in einem Gefäß im Wasserbad schmelzen und mit dem Öl verrühren. Dieses Schoko-Öl-Gemisch mit dem gesiebten Mehl, der Schneemasse und dem Backpulver unter die Dottermasse heben.
- Die Masse geben Sie nun in eine gefettete und bemehlte Form, die Backzeit beträgt 50 Minuten bei 170 °C.
- Zur Herstellung der Glasur die Schokolade im Wasserbad schmelzen lassen und mit der Butter verrühren. Torte damit überziehen und mit einem langen Messer glatt streichen.

TIPP DER KÖCHIN: „Besonders delikat wird die Glasur, wenn ich die Butter durch Obers ersetze. Dazu wird einfach 1/4 l Obers erhitzt und mit 250 g zerkleinerter Schokolade geschmolzen. Achtung: Die glasierte Torte stelle ich nicht in den Kühlschrank. Die Glasur wird sonst grau."

Stichwort KIRTAG

Das Kirchweihfest, allerorten Kirtag (Kiritoo) genannt, erfreute sich bei Jung und Alt auf dem Dorf besonderer Beliebtheit. Er lockte alljährlich zahlreiche Verwandte ins Haus, die beim Backen und Kochen halfen. Auf das Kulinarische wurde und wird auch heute noch traditionell großer Wert gelegt. Leberknödelsuppe, Rindfleisch mit Semmelkren, Schnitzel und Knödel zählten zu den Klassikern unter den sauren Speisen. Besondere Renner waren aber immer die vielfältigen Torten und die sonstigen Mehlspeisen, mit denen sich die Köchinnen gegenseitig zu übertrumpfen suchten. Zum Kirtag gehörte natürlich auch ein feierliches Konzert der Dorfmusikkapelle. Danach wurde wieder zu Hause groß aufgetischt, bevor man sich zum ausgelassenen Kirtagstanz begab.

Aus der Erinnerungskiste von Elisabeth Schöffl-Pöll

Gebackene Topfentorte

Wussten Sie, dass man 4,5 Liter Milch braucht, um 1 Kilo Topfen herzustellen? Topfen ist ein typisches österreichisches naturbelassenes Lebensmittel, das mehr Beachtung verdienen würde.

ZUTATEN

100 g Staubzucker
150 g Butter
250 g Mehl
1 Ei
1 Päckchen Vanillezucker
Salz

FÜR DIE FÜLLE

250 g Butter
100 g Staubzucker
1 Päckchen Vanillezucker
8 Dotter, 8 Eiklar
50 g Kristallzucker
750 g Topfen (20 % Fett)
80 g Vanillepuddingpulver
Saft und Schale von 1 Zitrone

- Bereiten Sie den Mürbteig zu, indem Sie Mehl, Salz und Butter abbröseln und dann mit Zucker, Vanillezucker und Ei zu einem Teig kneten. Die Masse ca. 1 Stunde an einem kühlen Ort rasten lassen. Dann den Mürbteig ausrollen und in einer befetteten Tortenform Boden und Wand damit auskleiden.
- Für die Fülle zuerst die Butter mit Zucker, Vanillezucker sowie Zitronensaft und -schale schaumig rühren. Dann geben Sie Dotter, Topfen und Puddingcreme dazu und verrühren alles. Als nächsten Schritt Eiklar mit Kristallzucker zu cremigem Schnee schlagen und unter die Topfenmasse heben.
- Die Masse auf den Mürbteig in der Kuchenform streichen und bei maximal 150 °C 1 bis 1,5 Stunden backen.

TIPP DER KÖCHIN: „Ich bereite den Mürbteig immer in der Rührschüssel zu – einfach alles in das Gefäß geben und mit der Küchenmaschine verrühren. Die Torte langsam backen, weil sie sonst zu stark einfällt. Nach der Hälfte der Backzeit, also nach 45 Minuten, decke ich die Torte mit Papier ab."

Rahmschmarrn

Der Schmarrn verlangt nach einer fruchtigen Ergänzung. Marillen- oder Zwetschkenröster bieten sich an, aber auch selbstgemachte Marmelade erhöht das Genusserlebnis.

ZUTATEN

1/4 l Sauerrahm
8 Dotter, 8 Eiklar
40 g Maisstärke oder Vanillepuddingpulver
140 g Grieß
500 g Topfen
1 Päckchen Vanillezucker
100 g Kristallzucker
Saft und Schale von 1 Zitrone
1 Prise Salz
2 EL Butterschmalz
1/16 l Rum
Rosinen nach Belieben
Kristallzucker zum Bestreuen

- Vorweg die Rosinen einige Stunden in Rum einlegen.
- Dotter, Grieß, Topfen, Zitronensaft und -schale verrühren. Maisstärke oder Puddingpulver mit dem Sauerrahm glatt rühren und unter die Topfenmasse heben.
- Eiklar mit Zucker zu Schnee schlagen und ebenfalls untermengen.
- In einer beschichteten Pfanne etwas Butterschmalz erhitzen und einen Teil des Teiges hineingießen.

Wichtig: Am besten gelingt der Schmarrn, wenn Sie den Teig in mehreren Etappen portionsweise verarbeiten. Zuerst backen Sie die eine Seite an und bestreuen diese zwischendurch mit den Rosinen. Dann die Masse wenden und langsam fertig backen.

- Den fertigen Teig mit der Gabel zerreißen, mit Kristallzucker bestreuen und nochmals braun werden lassen.

TIPP DER KÖCHIN: „Man kann die Schmarrnmasse auch auf ein befettetes Backblech streichen und ca. 30 Minuten bei 160 °C backen.

Vanillekipferl-parfait auf marinierten Beeren

Ideal zu den Weihnachtsfeiertagen, denn dieses Parfait harmoniert hervorragend mit allen Kekssorten.

ZUTATEN

2 EL Kristallzucker
2 Eier
1 Dotter
1 EL Rum
1/4 l Schlagobers
Mark von 1 Vanilleschote
1 Handvoll zerkleinerte Vanillekipferl (siehe S. 208)
gemischte tiefgekühlte Beeren
1 EL Staubzucker
1 EL Pfirsichlikör
1 EL Amaretto-Likör

- Für das Parfait werden Eier und Eidotter mit dem Kristallzucker und der Vanille über Dampf cremig aufgeschlagen. Danach kalt schlagen und zum Schluss die zerdrückten Vanillekipferl und das cremig geschlagene Obers untermengen. In einer Form tiefkühlen.
- Die aufgetauten Beeren mit Staubzucker und Likör vermengen und mit dem Parfait anrichten.

TIPP DER KÖCHIN: „Anstelle der Vanillekipferl können Sie natürlich auch andere Kekse verwenden. Ich empfehle beispielsweise Ingwerkekse für ein Ingwerparfait."

Karottenmarmelade

Dieser Brotaufstrich ist eine willkommene Abwechslung zur Obst-Marmelade.

ZUTATEN

500 g Karotten
2 unbehandelte Zitronen
500 g Gelierzucker

- Die Karotten putzen und raspeln. Von den Zitronen reiben Sie die Schale ab. 60 ml Zitronensaft auspressen. Die Karotten in dem Zitronensaft und 60 ml Wasser kochen, bis sie weich sind. Mit dem Mixstab pürieren und auskühlen lassen.
- Anschließend Gelierzucker und Zitronenschale dazufügen, das Ganze nochmals zum Kochen bringen. Die Masse noch heiß in Gläser füllen, die sofort verschlossen werden müssen.

TIPP DER KÖCHIN: „Mit gehackter Zitronenmelisse verleihe ich der Marmelade eine besondere Note."

Kräuteröl

Rapsöl gehört zu den gesündesten Pflanzenölen aus heimischer Produktion, weil es einen hohen Anteil an ungesättigten Fettsäuren aufweist. Wertvolles Rapsöl wird kalt gepresst.

ZUTATEN

kalt gepresstes Rapsöl
Kräuter, wie Rosmarinzweig, Thymianzweig, Lorbeerblatt, Knoblauchzehen, Chillischoten
grobes Salz, getrocknete Zitronenschale

- Getrocknete und zarte Kräuter werden kalt, Gehölze und Wurzel eher warm angesetzt. Für beide Varianten gilt, dass die Ingredienzien trocken sein sollten, bevor man sie mit Öl übergießt.
- Die Gewürze im Ganzen in eine Flasche geben, sodass diese zu zwei Dritteln voll ist. Mit Rapsöl auffüllen, für den Warmansatz im Wasserbad erhitzen. 2 bis 3 Wochen ziehen lassen, dann können Sie das Öl vorzugsweise für Salat verwenden.

TIPP DER KÖCHIN: „Ich verwende die Kräuter nicht frisch gepflückt, sondern leicht angetrocknet, weil das Öl sonst trüb wird. Das Salz ist wichtig, weil es das Ranzigwerden verhindert."

Kräuteressig

ZUTATEN

Basilikumzweig, Rosmarinzweig, Salbeizweig, bunte Pfefferkörner, Knoblauchzehen, Senfkörner und Lorbeerblatt
1 l Weißweinessig

- Die Pfefferkörner und den Knoblauch leicht zerdrücken. Gemeinsam mit den Kräuterzweigen und den anderen Gewürzen in eine Flasche geben und mit Essig auffüllen. Lassen Sie die Essenz 2 bis 3 Wochen ziehen.

TIPP DER KÖCHIN: „Das Rezept lässt sich natürlich abwandeln, indem man die Kräuter variiert oder eine andere Art von Essig verwendet. So kann ich viele Geschmacksrichtungen erzielen."

Kräuterstangerl

Ob zur Jause, als Imbiss, als Knabberei oder zum Weinviertler Frizzante – selbstgebackene Kräuterstangerl passen und schmecken immer!

ZUTATEN:

700 g Weizenmehl
1 Päckchen Germ
2 EL Sonnenblumenöl
1 Ei
ca. ¼ l warme Milch oder Buttermilch
1 EL Salz
3 EL gehackte Kräuter, frisch oder getrocknet

- Germ in das Mehl bröseln und mit den anderen Zutaten zu einem glatten Teig verarbeiten, warm bis zum doppelten Volumen aufgehen lassen.
- Teig zu einem Rechteck nicht zu dünn ausrollen und von unten nach oben zusammenschlagen. Mit dem Teigrad ca. 1–2 cm breite Streifen schneiden und die Enden gegengleich drehen. Auf ein mit Backpapier ausgelegtes Blech setzen und im Rohr bei ca. 170 °C rund 20 Minuten backen.

TIPP DER KÖCHIN: „Mangelt es an Zeit, kann man diese Kräuterstangerl auch mit fertigem Blätterteig zubereiten. Die Kräuter werden mit etwas Öl gemischt und vor dem Zusammenschlagen auf den Blätterteig gestrichen. Die Backtemperatur auf 200 °C einstellen und etwa 10 Minuten backen."

Fotos nächste Seite

Erdäpfelhochburg Stockerau

Abgesehen von Getreide sind im Raum um Korneuburg und Stockerau die Erdäpfel die typische Feldfrucht, insbesondere die Kipfler, eine alte Sorte, die hier noch immer angebaut wird. Auch die Sorte Ditta ist weit verbreitet.

Im Gegensatz zu anderen Weinviertler Regionen gibt es hier nennenswerte Viehzucht. Schweine und Rinder stammen meist aus bäuerlichen Betrieben, nicht aus „Tierfabriken".

Stockerau und die Bezirkshauptstadt Korneuburg gehören zu den wenigen Weinviertler Städten mit industrieller Tradition. Ganz in der Nähe thront die mächtige Burg Kreuzenstein, ein Wahrzeichen der Region und ein beliebtes Ausflugsziel, auf einem Hügel. Das Monument ist übrigens gar nicht so alt, wie es den Anschein hat: Ihr heutiges Aussehen verdankt Burg Kreuzenstein Johann Nepomuk Graf Wilczek, der rund um 1900 hier auf den Überresten einer früheren Anlage eine Schauburg errichten ließ.

Stosuppe

In manchen Regionen als „saure Suppe“ oder „Rahmsuppe“ bekannt. Mit zerdrückten gekochten Erdäpfeln als Einlage ist sie so sättigend, dass sie als Hauptspeise gegessen werden kann.

ZUTATEN

1/2 l Wasser
1/2 l Sauermilch
1/4 l Sauerrahm
1 EL Kümmel
50 g Mehl
Salz
ein Schuss Essig

● Bringen Sie Salzwasser mit Kümmel zum Kochen. Den Sauerrahm und die Sauermilch mit dem Mehl versprudeln und mit einer Schneerute in das heiße Wasser einrühren. Rund 15 Minuten auf dem Herd einkochen lassen. Zum Schluss mit einem Schuss Essig abrunden.

Erdäpfelgulasch

Sie hätten es lieber vegetarisch? Kein Problem, dann streichen Sie die Wurst aus der Zutatenliste.

ZUTATEN

1 kg Erdäpfel (z. B. Ditta)
400 g dürre Wurst
4 Zwiebeln, 4 Knoblauchzehen
1 EL Tomatenmark
3 EL Paprikapulver
1 EL gemahlener Kümmel
1 EL Essig
Majoran, Lorbeerblatt
1 l Gemüsesuppe
Schmalz

- Sobald Sie die würfelig geschnittenen Zwiebeln in Schmalz gut durchgeröstet haben, nehmen Sie die Pfanne vom Herd. Tomatenmark und Paprikapulver einrühren und mit Essig ablöschen.
- Die Gemüsesuppe und 1/2 Liter Wasser erhitzen, die Zwiebelmischung, die Gewürze und den Knoblauch dazugeben und ca. 30 Minuten köcheln lassen. Entfernen Sie das Lorbeerblatt, ehe Sie die Flüssigkeit mit dem Stabmixer pürieren. Somit haben Sie den Gulaschsaft fertiggestellt.
- Die geschälten und würfelig geschnittenen Erdäpfel wandern nun in den Saft und werden gekocht, bis sie weich sind. Zuletzt die würfelig geschnittene Wurst in das Gulasch geben und nochmals pikant nachwürzen.

Stichwort ERDÄPFEL

Noch bis in die 1960er mussten Kinder auf den Bauernhöfen fleißig mitarbeiten und ersetzten oftmals eine erwachsene Arbeitskraft, zum Beispiel beim Erdäpfelklauben. Am meisten freuten sich die Kinder bei dieser Arbeit darauf, dass sie Erdäpfel braten konnten. Die Pferde fuhren mit der Egge die dürren Erdäpfelstauden nach der Ernte zu großen Haufen, die entzündet wurden. Kinder klaubten die auf dem Feld liegen gebliebenen Erdäpfel auf und warfen sie ins Feuer. Ungeduldig wartete man nun auf das Abbrennen der Haufen, um dann die verkohlten Knollen aus der Glut zu holen. Es tat nichts zur Sache, dass eine dicke Schale verkohlt war. Und Salz und Ketchup hat auch niemand benötigt.

Aus der Erinnerungstruhe von Elisabeth Schöffl-Pöll

Apfel-Grammelschmalz

Als deftiger Aufstrich bei Jung und Alt beliebt. Schmeckt besonders gut mit frischem Bauernbrot.

ZUTATEN

1 kg Rückenspeck
2 Äpfel
2 EL Kräuter
2 Zwiebeln
4 fein gehackte Knoblauchzehen
Salz, Pfeffer

- Den Speck in 1 cm große Würfel schneiden und in einem Topf langsam bei geringer Hitze erwärmen („auslassen"). Gehackte Zwiebeln und gewürfelte Äpfel zu den braunen Grammeln geben und ebenfalls rösten. Durch die Kräuter und Gewürze bekommt das Schmalz eine pikante Note. In Gläser füllen und fest werden lassen.

TIPP DER KÖCHIN: „Bei der Herstellung ist Vorsicht geboten. Die Zwiebeln und Äpfel darf man nur langsam beimengen, denn das Fett beginnt zu schäumen. Ich verwende daher von vornherein einen hohen Topf."

Beuschel

Bei den Bauern gibt es Beuschel gern nach dem Schlachttag, um die Innereien rasch zu verarbeiten. Für ein Beuschel könnte man verschiedene Innereien von Schaf, Rind oder Schwein verwenden. Regionaltypisch ist es aber nur mit Lunge, eventuell in Kombination mit anderen Innereien.

ZUTATEN

1 Schweinebeuschel
1/2 Schweineherz
1 gehackte Zwiebel
1 Bund Wurzelgemüse
1 Suppenwürfel
Salz, Pfefferkörner
Lorbeerblatt

FÜR DEN SAFT

100 g Mehl
1 EL Schmalz
1 Zwiebel
1 Knoblauchzehe
2 bis 3 Essiggurkerl
1 EL Senf
1 TL Sardellenpaste
1 TL Kapern
Thymian
Essig zum Abrunden

- Das Beuschel (Lunge) mit dem Messer ein paar Mal einstechen. Zusammen mit Herz, Zwiebel, Wurzelwerk und Gewürzen in zwei Liter Wasser langsam zugedeckt kochen lassen. Wenn die Innereien weich sind (das Herz hat mitunter eine längere Kochzeit), abseihen und den Sud zur Seite stellen. Beuschel und Herz gut abkühlen lassen und anschließend in dünne Streifen schneiden.
- Erhitzen Sie das Schmalz und rösten Sie das Mehl darin, bis es eine dunkle Farbe annimmt. Fein gehackte Zwiebel, Kapern, geschnittene Gurkerl, Senf und Sardellenpaste kurz mitrösten. Mit dem Sud aufgießen. Für das Glattrühren der Soße verwenden Sie am besten eine Schneerute. Flüssigkeit gut verkochen lassen, bis eine sämige Konsistenz erreicht ist. Zuletzt die geschnittenen Innereien dazugeben und pikant mit ein, zwei Schuss Essig abschmecken.

Serviettenknödel

Ideal als Zuspeise zu Fleisch- und Wildgerichten oder Beuschel. Wird mit Saft, aber auch als Hauptspeise gegessen. Wurde vor der Erfindung der Haushaltsfolie tatsächlich mit Hilfe von Servietten gekocht, daher der Name.

ZUTATEN

250 g Semmelwürfel
100 g Butter
3 Eier
3/8 l lauwarme Milch
Muskatnuss

- Eier in Dotter und Eiklar trennen. Die Dotter mit der Milch und etwas geriebener Muskatnuss verquirlen und über die Semmelwürfel gießen. Dann noch die geschmolzene Butter dazugeben.
- Eiklar zu cremigem Schnee schlagen und unter die Knödelmasse mengen. Nehmen Sie ein Stück Frischhaltefolie und wickeln Sie den zu einer Rolle geformten Teig darin ein. Achtung: Die Folie locker lassen, denn die Masse geht während des Kochens auf. Mit einer Nadel mehrmals einstechen.
- Nun noch in Alufolie wickeln und den Serviettenknödel in kochendes Salzwasser legen. Rund 30 Minuten leicht köcheln lassen. Dann heben Sie den Knödel aus dem Wasser und entfernen die Folien. Zum Servieren in Scheiben schneiden.

TIPP DER KÖCHIN: „Ich gare die Knödel meist nicht direkt im Wasser, sondern über Dampf. In diesem Fall kann ich auf die Alufolie verzichten. Und: Wer es besonders eilig hat, kann die Eier ungetrennt verwenden. Wenn man sich allerdings die Mühe macht, Schnee zu schlagen, wird man mit besonders flaumigen Knödeln belohnt."

Stichwort KNÖDEL

Knödel ist das einzige Lebensmittel, für das man alle drei Artikel anwenden kann: der, die, das Knödel. Semmelknödel waren auch eine beliebte Speise in den Klöstern. Besonders nobel waren die sogenannten „Abtknödel", eine Art Serviettenknödel, die nicht nur Äbte und Bischöfe gerne zum Braten gegessen haben. Auch heute werden neben den zahlreichen anderen Knödelsorten noch gerne die Serviettenknödel in runder oder länglicher Form zubereitet. Ein besonderer Knödelliebhaber war Wolfgang Amadeus Mozart, dem im Weinviertler Ort Raschala bei Hollabrunn ein Gedenkstein gewidmet ist.

Aus der Erinnerungstruhe von
Elisabeth Schöffl-Pöll

Blunzenschnecken

Am Schlachttag den großen Kessel anzuheizen und darin die Blunzenfülle zu kochen, das war früher ein Fest und geradezu Ritual.

ZUTATEN

4 Strudelteigblätter
Butter zum Bestreichen

FÜR DIE FÜLLE

500 g Blutwurst
250 g gekochte Erdäpfel
1 Ei
1 Zwiebel
1 EL Majoran
2 EL geriebener Kren
2 gehackte Knoblauchzehen
Salz, Pfeffer
1 EL Senf

- Zuerst wird die Fülle zubereitet: Die geschälte und fein gehackte Zwiebel in Öl anbraten. Erdäpfel und Blutwurst, die Sie zuvor in Würfel geschnitten haben, dazugeben. Salz, Pfeffer, Knoblauch und Majoran sorgen für die Würze.
- Die Blutwurst-Mischung abkühlen lassen, ehe Sie Ei, Kren und Senf daruntermengen. Vor der Weiterverarbeitung nochmals abschmecken.
- Bestreichen Sie zwei Strudelblätter mit flüssiger Butter und legen Sie diese auf ein feuchtes Tuch, sodass sie in zwei Schichten übereinanderliegen. Die Butter als Zwischenschicht verhindert ein Verkleben.
- Entlang der unteren Teigkanten platzieren Sie die eine Hälfte der Fülle und drücken sie fest. Als Nächstes die Seitenränder zur Fülle hin einschlagen. Mit Hilfe des Tuches können Sie nun vorsichtig den Teig eng rouladenartig einrollen. Diese Roulade wiederum drehen Sie zu einer kompakten Schnecke ein.
- Mit den beiden übrigen Strudelblättern und der restlichen Fülle verfahren Sie genauso.
- Auf einem mit Backpapier ausgelegten Blech backen Sie die Blunzenschnecken bei 180 °C rund 30 bis 40 Minuten im Rohr. Davor mit flüssiger Butter bestreichen, ebenso zwei- bis dreimal während des Backvorgangs.

Überbackene Käseschnitzel

Ähnelt in der Zubereitung dem Wiener Schnitzel, aber mir Käse statt Bröseln für die Panier. Und es wird nicht in heißem Fett gebacken, sondern in einer Pfanne im Rohr.

ZUTATEN

4 Schweinsschnitzel
2 Eier
150 g geriebener Käse
Mehl für die Panier
Butter für die Pfanne
1/4 l Schlagobers
Salz, Pfeffer

- Mehl, verquirlte Eier und Käse auf drei Tellern vorbereiten. Die Schnitzel würzen und zuerst im Mehl, dann in den Eiern und zuletzt im Käse wälzen. Dann legen Sie die Schnitzel in die mit Butter ausgestrichene kalte Pfanne und übergießen sie mit dem ungeschlagenen Obers. Der verbliebene Käse dient zum Bestreuen.
- Im Rohr bei 180 °C ca. 40 Minuten überbacken, bis sich eine goldbraune Kruste bildet.

TIPP DER KÖCHIN: „Diese Mahlzeit lässt sich ideal vorbereiten, wenn Sie Gäste erwarten."

Ofenerdäpfel mit Kräutertopfen

Speziell im Herbst, wenn es draußen stürmt und auch in den Weinfässern der „Sturm“ aufkommt, schlägt die Stunde des Ofenerdapfels.

ZUTATEN

4 gleich große mehlige Erdäpfel
250 g Topfen (20 %)
1/4 l Sauerrahm
Salz, Pfeffer
frische Kräuter
Alufolie

- Erdäpfel gründlich waschen, trocknen und einzeln in Alufolie wickeln. Im Backrohr bei 180 °C rund 50 Minuten garen.
- In der Zwischenzeit bereiten Sie die Fülle zu, indem Sie Topfen, Sauerrahm, Gewürze und Kräuter vermengen.
- Die Erdäpfel am Ende der Garzeit aus dem Ofen nehmen und die Folie öffnen. Mit einem großen Messer werden die Erdäpfel der Länge nach tief eingeschnitten. Klappen Sie die Hälften auseinander und füllen Sie die Topfencreme in den Spalt. Ganz heiß serviert munden sie am besten.

TIPP DER KÖCHIN: „Wenn ich die Garzeit im Ofen verkürzen will, verwende ich statt der rohen bereits vorgekochte Erdäpfel.“

Grammel-Erdäpfelroulade

ZUTATEN FÜR DEN TEIG

500 g mehlige Erdäpfel
125 g Erdäpfelmehl
3 EL Grieß
Salz

FÜR DIE FÜLLE

2 Zwiebeln
2 Knoblauchzehen
500 g gehackte Grammeln
Schmalz
Petersilie
Salz, Pfeffer

- Die geschälten gekochten Erdäpfel noch heiß pressen und mit den anderen Zutaten für den Teig vermengen.
- Die Fülle bereiten Sie wie folgt zu: Schneiden Sie die Zwiebeln würfelig und rösten Sie diese gemeinsam mit dem gehackten Knoblauch in Schmalz an. Dann kommen die gehackten Grammeln in die Pfanne. Diese Mischung nochmals kurz rösten, anschließend vom Herd nehmen. Mit Petersilie, Salz und Pfeffer würzen und auskühlen lassen.
- Den Teig walken Sie rechteckig auf einer bemehlten Fläche aus. Verteilen Sie die Fülle auf zwei Drittel des Teiges und rollen Sie diesen Teig der Länge nach in einer Serviette ein. Die Enden abbinden, damit die Roulade guten Halt hat. In Salzwasser 30 Minuten kochen.
- Zum Servieren aus der Serviette lösen und in Scheiben schneiden.

TIPP DER KÖCHIN: „Man kann die Roulade statt in eine Serviette auch in eine Frischhaltefolie wickeln und über Dampf garen."

Erdäpfel-Kürbis-Sackerl

Kürbis und Erdäpfel, die Früchte des Herbstes, in einem Gericht vereint – das ergibt eine vegetarische Hauptspeise, die Sie aber auch als interessante Zuspeise zu Fleisch servieren können.

ZUTATEN

1 Packung Strudelteig
250 g Erdäpfel, 150 g Kürbis
1 Zwiebel
2 EL Sauerrahm
1 Ei
1/8 l Gemüsesuppe
1 TL gemahlener Kümmel
geriebene Muskatnuss
Salz, Pfeffer
gehackte Petersilie
Schnittlauch zum Binden
100 g Butter zum Bestreichen

- Beginnen Sie mit der Fülle: Die gekochten und geschälten Erdäpfel werden würfelig geschnitten. Die gehackte Zwiebel in Schmalz anschwitzen und die Erdäpfel sowie den kleinwürfelig geschnittenen Kürbis beimengen. Rösten Sie alles kurz durch, ehe Rahm, Ei und Gewürze zugefügt werden. Mit der Gemüsesuppe aufgießen und 15 Minuten dünsten. Anschließend die Fülle auskühlen und in einem Sieb abtropfen lassen.
- Für die Hülle die Strudelblätter mit einem Messer in ca. 20 mal 20 cm große Quadrate schneiden. Jeweils 2 Strudelblätter mit flüssiger Butter bestreichen, die beiden Blätter kreuzweise übereinanderlegen. Setzen Sie die Fülle in die Mitte des Teigs, sodass rundum ein Rand frei bleibt. Ziehen Sie den Teig so hoch, dass sich eine Art Tasche bildet, und binden Sie die Enden mit Schnittlauch, der vorher kurz durch heißes Wasser gezogen wurde, zusammen.
- Die Teigtaschen werden schließlich auf ein mit Backpapier belegtes Blech gesetzt und nochmals mit Butter bestrichen. Damit der entstehende Dampf entweichen kann, sollten Sie mit einer Nadel ein paar kleine Löcher in jedes Kürbissackerl stechen. Nach 20 Minuten bei 180 °C können Sie das Gericht aus dem Rohr nehmen.

Erdäpfelaufstrich

Wussten Sie, dass der Erdapfel einen außerordentlich hohen Gehalt an Vitamin C hat? Das hat ihm den Beinamen „Zitrone des Nordens“ eingetragen.

ZUTATEN

500 g Erdäpfel
1/4 l Sauerrahm
Kräutersalz, Pfeffer
Schnittlauch

- Erdäpfel kochen. Sie können diese nun entweder heiß passieren oder auskühlen lassen und dann raspeln. Mit dem Sauerrahm und den Gewürzen vermengen – schon ist der Aufstrich fertig. Fein geschnittener Schnittlauch zum Drüberstreuen darf allein aus optischen Gründen nicht fehlen.

Süße Weinviertler Erdäpfel

Kreative Kochgeister haben der schlichten Ackerknolle eine verführerisch-süße Abwandlung beschert.

ZUTATEN FÜR DEN TEIG

6 Eier
180 g Zucker
180 g Mehl
1 Prise Salz
Marzipan für die Fülle

FÜR DIE SCHOKOCREME

250 g Butter
200 g zerlassene Schokolade
150 g Staubzucker
Rum

FÜR DIE SCHOKOKRUSPEL

3 Eiklar
10 EL Kristallzucker
1,5 EL Kakao

- Die Schokokruspel sollten Sie bereits einen Tag früher herstellen: Eiklar mit Zucker zu festem Schnee schlagen und zum Schluss den gesiebten Kakao beimengen. Streichen Sie die Masse auf ein mit Backpapier belegtes Blech. Bei 50 bis 100 °C und leicht geöffnetem Backrohr am besten über Nacht trocknen. Mit dem Nudelwalker die Kakaomasse zerdrücken, sodass ein feiner Streusel entsteht.
- Aus den Zutaten für den Teig entsteht eine Biskuitmasse: 6 Eiklar und Zucker zu cremigem Schnee schlagen, Dotter und Mehl untermengen. Bei 160 °C am Blech ca. 15 Minuten backen.
- Für die Schokocreme rühren Sie Butter, Schokolade und Staubzucker cremig. Ein Schuss Rum zum Abschmecken sorgt für den besonderen Pfiff.
- Wenn nun alles vorbereitet ist, folgt das Zusammensetzen. Aus der Hälfte des fertigen Biskuits Scheiben mit einem Durchmesser von 5 bis 6 Zentimetern ausstechen. Jeweils zwei Scheiben mit etwas Marzipan als „Kern“ und Schokocreme zusammensetzen.
- Die nach dem Ausstechen verbliebenen Teigreste und die zweite Hälfte des Biskuits mit der restlichen Schokocreme glatt abrühren und ca. 1 Stunde kühl stellen.
- Im nächsten Arbeitsschritt werden die zusammengesetzten Scheiben samt Marzipan-Kern mit einem Mantel aus der Schoko-Biskuit-Masse versehen. Dazu geben Sie auf eine angefeuchtete Hand etwas von dieser Masse, drücken sie flach und setzen das Marzipan-Biskuit darauf. Nun diesen Kern, ähnlich wie ein Stück Obst, mit dem Schoko-Teig zu einem Knödel formen.
- Die fertigen Knödel werden in den Schokostreuseln gewälzt – und schon können Sie Ihren Gästen eine vorzügliche Mehlspeise servieren.

Zwetschkenfleck

Nicht jeder Fleck ist ein Fleck auf der Kleidung. Dieses Rezept stammt von der Schwiegermutter, die damit auf jedem Dorffest großes Lob einheimste.

ZUTATEN FÜR DEN TEIG

600 g glattes Mehl
1 Päckchen Germ
1 Ei
1 Dotter
80 g Butter
60 g Zucker
300 ml Milch
1 TL Salz
1 Schuss Rum

FÜR DEN BELAG

1,5 kg Zwetschken
Zimt
Vanillezucker

- Aus den Zutaten für den Teig einen weichen Germteig bereiten und so lange warm rasten lassen, bis sich das Volumen verdoppelt hat.
- Für den Belag die Zwetschken entkernen und vierteln. Eine Prise Zimt und Vanillezucker sorgen für delikates Aroma.
- Den Teig auf ein befettetes Blech auswalken und eng mit den Zwetschken belegen. Nochmals kurz aufgehen lassen und danach bei 160 °C im Rohr ca. 30 Minuten backen.

Schnürkrapfen

Für diese Mehlspeise benötigen Sie eine Schnürkrapfenform, die im Fachhandel erhältlich ist.

ZUTATEN

800 g Mehl
500 g Butter
3 Dotter
2 Eier
1/8 l Sauerrahm
1/16 l Weißwein
Salz
Fett zum Backen
Staubzucker, Zimt zur Dekoration

- Alle Zutaten zu einem Teig kneten und am besten über Nacht kühl rasten lassen.
- Den Teig ca. 3 mm dick auswalken und in Rechtecke schneiden. Diese legen Sie auf die Schnürkrapfenform. Es gibt bereits moderne Formen, bei denen eine Zange den Teig festhält.
- Die Krapfen werden in heißem Fett goldgelb gebacken. Abtropfen lassen, in Zimt-Zucker-Gemisch wälzen.

TIPP DER KÖCHIN: „Ich verwende noch immer Omas Form, bei der durch das Umwickeln mit einer Schnur das charakteristische und dekorative Muster entsteht. Daher kommt auch der Name.“

Topfenstollen

Der Topfenstollen lässt sich gut lagern und eignet sich daher zur Bevorratung. Zu Weihnachten hat er Hochsaison. Daher das ausgiebige Bestreuen mit Staubzucker: Der Stollen soll an das in Windeln gewickelte Jesuskind erinnern.

ZUTATEN

150 g Butter
150 g Staubzucker
1 Päckchen Vanillezucker
600 g glattes Mehl
1 Päckchen Backpulver
3 Eier
250 g Topfen
Saft und Schale von 1 Zitrone und 1 Orange
1 Handvoll Nüsse
400 g getrocknete Früchte (z. B. Rosinen, Aranzini, Dörrzwetschken)
150 g Butter zum Bestreichen
Staubzucker und Vanillezucker zum Bestreuen

- Butter, Zucker und Eier abrühren, die restlichen Zutaten beifügen und zu einem Teig verarbeiten. Formen Sie den Teig zu einem Stollen, indem Sie ihn auseinanderdrücken und in der Mitte einmal zusammenschlagen.
- Auf einem mit Backpapier ausgelegten Blech bei 160 °C rund 50 Minuten lang backen. Frisch aus dem Rohr wird der Stollen noch heiß mit Butter bestrichen und kräftig angezuckert.

Veltlinerland Mistelbach

Im Vergleich zum etwas weiter südlich gelegenen Marchfeld herrschen im Nordosten des Weinviertels nahezu gebirgige Verhältnisse. Mit 490 Metern ist der Buschberg die höchste Erhebung innerhalb des Weinviertels. Markant auch die Falkensteiner Klippe, ein schroffer Inselberg aus Kalk, der die sanften Hügel der Umgebung deutlich überragt und von einer imposanten Burgruine gekrönt ist.

Mit einem Anteil von nahezu 50 Prozent ist der Grüne Veltliner die vorherrschende Rebsorte im Weinviertel, und das Land rund um Falkenstein, Mistelbach und Poysdorf gilt ganz besonders als Zentrum der Veltlinerkultur. Dem trug das Land Niederösterreich Rechnung, indem es Poysdorf zum Hauptschauplatz der Landesausstellung 2013 „Brot und Wein" wählte.

Das Gebiet rund um die Thermenstadt Laa an der Thaya wiederum ist für den Zwiebelanbau bekannt. Niederwild ist ebenfalls fixer Bestandteil des Speisezettels im Veltlinerland.

Wer sich für bäuerliche Wohn- und Küchenkultur aus alten Tagen interessiert, der kommt am Museumsdorf Niedersulz nicht vorbei. Will man in der Geschichte noch weiter zurück reisen, sei ein Besuch im Urgeschichtemuseum in Asparn an der Zaya empfohlen.

Rindssuppe

Eine kräftige Rindssuppe ist nicht nur eine klassische Vorspeise. Als Zutat ist sie auch in Soßen und vielen anderen Gerichten das Tüpfelchen auf dem i.

ZUTATEN

1 kg Rindsknochen
3 Stück Markknochen
400 g Rindfleisch
2 ungeschälte Zwiebeln
Wurzelgemüse (z. B. Karotten, Sellerie, Gelbe Rüben)
5 Pfefferkörner
Salz
Liebstöckl, Petersilie, Schnittlauch

- Zur Vorbereitung die Knochen mit heißem Wasser abspülen. Dann Fleisch und Knochen sowie die ungeschälten Zwiebeln in einen Topf mit 3 l kaltem Wasser geben und dieses zum Kochen bringen.
- Schöpfen Sie den entstehenden Schaum zwischendurch wiederholt ab. Nach 1 Stunde Kochzeit auf kleiner Flamme geben Sie die Gewürze und das Wurzelwerk in die Suppe. Nochmals 1 Stunde köcheln lassen. Vorsicht: Kocht die Suppe zu stark, wird sie trüb!
- Zuletzt abseihen, abschmecken und mit Schnittlauch bestreut servieren. Geschnittenes Gemüse als Einlage rundet die Suppe geschmacklich und optisch ab.

TIPP DER KÖCHIN: „Wenn möglichst viele Geschmackstoffe im Fleisch erhalten bleiben sollen, darf man es erst in die Suppe geben, wenn diese bereits kocht.“

Suppenwürze

Ein Stück Sommer, für den Winter haltbar gemacht. Schmeckt gut und ist glutenfrei.

ZUTATEN

1 kg Gemüse (Karotten, Gelbe Rüben, Sellerie, Petersilwurzeln, Zwiebeln, Knoblauch)
Kräuter (Liebstöckl, Petersilie, Lauch)
400 g Salz

- Das Gemüse fein raspeln. Mit den gehackten Kräutern und dem Salz, das zur Konservierung dient, zu einem Brei vermengen.
- Die Masse streichen Sie dünn auf Backpapier und trocknen Sie im Heißluftherd bei 60 °C rund 6 Stunden. Zerbröseln, in Gläser füllen und gut verschließen.

TIPP DER KÖCHIN: „Wenn Sie das geraspelte Gemüse vorher trocknen, können Sie die Salzmenge auf die Hälfte reduzieren."

Kräuterschöberl

Schöberl sind eine beliebte Suppeneinlage, die es in vielen Varianten gibt. Sie lassen sich gut vorkochen und eignen sich zum Einfrieren. Harmonieren gut mit Rindssuppe *(siehe Seite 94)**.*

ZUTATEN

100 g glattes Mehl
1 Messerspitze Backpulver
4 Eier
250 g Topfen
Kräuter, Salz

- Dotter und Eiklar trennen. Rühren Sie Topfen, Dotter, Kräuter, Salz, Mehl und Backpulver in einer Schüssel ab. Das Eiklar aufschlagen und unter die Topfenmasse rühren. Die Masse ca. 1 cm dick auf ein gefettetes Blech streichen. Bei 170 °C rund 15 Minuten backen.
- Lassen Sie den Schöberlteig auskühlen und schneiden Sie ihn in Vierecke. Die Schöberl in den Teller geben und mit heißer Suppe aufgießen.

TIPP DER KÖCHIN: „Wer es etwas fleischhaltiger liebt, kann die Kräuter beispielsweise durch Schinkenwürfel ersetzen."

Zwiebel mit Fleischfülle

Zwiebeln sind nicht nur vielschichtig, sondern auch vielseitig verwendbar. Im Weinviertel herrschen weiße, rote und gelbe Zwiebelsorten vor. Bei luftiger, kühler und trockener Lagerung sind sie mehrere Monate lang haltbar.

ZUTATEN

6 mittelgroße Zwiebeln
Brösel zum Bestreuen

FÜR DIE FÜLLE

250 g faschiertes Schweinefleisch
1 Semmel
1/8 l warme Milch
1 Ei
150 g geschnittene Zwiebeln
Salz, Pfeffer, Knoblauch, Thymian
etwas Senf, eine Prise Zimt
gehackte Petersilie

- Um die Fülle herzustellen, weichen Sie die Semmel in Milch ein und vermengen sie mit dem Faschierten.
- Die geschnittenen Zwiebeln in Öl anschwitzen und gemeinsam mit dem Ei, der Petersilie und den Gewürzen ebenfalls unter das Faschierte rühren.
- Die sechs Zwiebeln schälen und die Kappen wegschneiden. Die Zwiebeln müssen Sie waagrecht halbieren. Durch das Herausdrücken der inneren Schichten schaffen Sie Platz für die vorher zubereitete Fleischfülle. Die gefüllten halben Zwiebeln werden nun auf ein mit Backpapier ausgelegtes Blech gesetzt und wandern ins Rohr, wo sie bei 180 °C ca. 25 Minuten bleiben. Danach die Zwiebeln mit Bröseln bestreuen und auf der obersten Backrohrschiene bei 200 °C so lange grillen, bis sie knusprig braun sind.

Eine fleischlose Hauptmahlzeit, die sich im Handumdrehen zubereiten lässt. Aber auch als Beilage zu einem Braten oder Geflügel gut geeignet.

ZUTATEN

1 kg buntes Gemüse, z.B. Zucchini, Karotten, Paprika, Zwiebeln
Salz, Pfeffer
Kräuter
Butterschmalz

● Das Gemüse in gleich große Stücke schneiden und abwechselnd auf Holzspieße stecken. Die Spieße in einer Pfanne bei mäßiger Hitze in Butterschmalz bissfest braten. Erst zum Schluss würzen und mit gehackten Kräutern bestreuen.

TIPP DER KÖCHIN: „Damit sich die Gemüsestücke beim Essen besser vom Spieß lösen lassen, bestreiche ich den Holzspieß vor dem Aufstecken mit etwas Öl."

Geselchtes

Selchfleisch gibt es häufig in Form eines Rollbratens zu kaufen. Als Beilage empfehlen sich Sauerkraut (siehe folgendes Rezept) beziehungsweise Knödel. Oder beides.

ZUTATEN

1 kg Selchfleisch im Ganzen
evtl. Wurzelwerk

- Leicht gesalzenes Wasser erhitzen und darin das Fleisch ca. 2 Stunden auf kleiner Flamme kochen lassen. Achten Sie darauf, dass das Wasser das Fleisch bedeckt. Zum Servieren in Scheiben schneiden.

TIPP DER KÖCHIN: „Gibt man Wurzelwerk ins Kochwasser, so kann man den Sud als Suppe verwenden. Als Einlage schmecken Nudeln am besten."

Sauerkraut

Sauerkraut gilt als besonders gesund, fettarm und reguliert die Verdauung. Speziell im Winter ist es ein wichtiger Vitaminspender.

ZUTATEN

500 g Sauerkraut
100 g Speck
1 Zwiebel
1/2 l Suppe
2 EL Schmalz
1 Erdapfel, 1 Apfel
Salz, 4 Pfefferkörner
Lorbeer
3 Wacholderbeeren

- Zwiebel und Speck würfelig schneiden und im Schmalz glasig anschwitzen. Geben Sie das Sauerkraut dazu und gießen Sie vorsichtig mit Suppe auf. Nun sind die Gewürze an der Reihe.
- Das Sauerkraut zugedeckt 30 Minuten weich dünsten. Zum Schluss den Apfel und den rohen Erdapfel, der als Bindung dient, grob reiben und einstreuen. Nochmals kurz aufkochen.

TIPP DER KÖCHIN: „Auch wenn es Sauerkraut aus der Dose oder im Sackerl zu kaufen gibt – ich hole es immer vom Bauern frisch aus dem Fass. Das schmeckt einfach milder und feiner."

Blunzenknödel

Braten-, Wurst- oder Blunzenreste lassen sich wunderbar zu gefüllten Knödeln verarbeiten. Diese eignen sich bestens zum Tiefkühlen.

ZUTATEN FÜR DEN TEIG

1/2 kg mehlige Erdäpfel
200 g griffiges Mehl
70 g Grieß
1 Ei
1 TL Salz

FÜR DIE FÜLLE

400 g Blutwurst
evtl. gekochte, klein gewürfelte Karotten
1 kleine Zwiebel
Thymian, 1 Knoblauchzehe
gehackte Petersilie
Salz und Pfeffer
1 EL Schmalz

- Beginnen Sie mit der Zubereitung der Fülle: In einem EL Schmalz die fein geschnittene Zwiebel goldgelb rösten, die gehäutete, kleinwürfelig geschnittene Blutwurst und die anderen Zutaten dazugeben. Aus der Masse kleine Kugeln formen, welche man zur besseren Weiterverarbeitung für ca. 15 Minuten im Tiefkühlfach anfriert.
- Geschälte, gekochte Erdäpfel noch heiß durch die Erdäpfelpresse drücken und mit den anderen Zutaten rasch zu einem Teig kneten. Sofort zu einer Rolle formen, mit einer Teigkarte Scheiben abschneiden, flach drücken und damit die aus dem Kühlfach genommenen Blunzenkugeln umhüllen. In Salzwasser kochen, bis sie gar sind.

TIPP DER KÖCHIN: „Statt Blutwurst kann ich genauso gut faschierte Bratenreste oder Grammeln verwenden. Sauerkraut oder Chinakohl sind eine ideale Beilage."

Forelle in Erdäpfelkruste

Fisch liegt wieder voll im Trend, hatte freitags aber immer schon einen fixen Platz auf dem Speisezettel. Am besten schmeckt die Forelle, wenn sie direkt aus dem Dorfteich kommt.

ZUTATEN

4 Forellenfilets
3 große Erdäpfel
1 Ei
1 EL Kräuter der Saison
Senf zum Bestreichen
evtl. 1 EL Sauerrahm
Butterschmalz zum Ausbacken

- Die Erdäpfel (vorwiegend festkochend) schälen und grob reiben. Das Ei versprudeln und mit den Erdäpfeln vermengen.
- Bestreichen Sie die Forellenfilets dünn mit Senf und reiben Sie sie mit den Kräutern ein. Jedes Filet mit einer Seite so in die Erdäpfelmasse drücken, dass eine dicke Schicht haften bleibt.
- In einer Pfanne in heißem Butterschmalz zuerst die panierte Seite backen. Anschließend wenden und fertig braten. Eine Küchenrolle leistet gute Dienste, um das Fett vor dem Servieren abtropfen zu lassen. Die Fischfilets salzen und mit der Kruste nach oben auf den Tisch bringen.

TIPP DER KÖCHIN: „Damit sich die rohen geriebenen Erdäpfel nicht braun verfärben, verrühre ich sie mit einem Esslöffel Sauerrahm."

Bauernpfandl

Geht schnell, ist einfach und schmeckt. Wichtig: Unbedingt Bröseltopfen verwenden, welcher einen geringeren Wassergehalt hat.

ZUTATEN

250 g Bandnudeln
200 g Bauchspeck
1 Zwiebel
300 g Bröseltopfen
Salz, Pfeffer
1 Bund Petersilie

- Nudeln in Salzwasser bissfest kochen, abseihen und mit kaltem Wasser abschrecken. Den Speck länglich schneiden, Zwiebel klein würfeln, beides kurz anbraten und die Nudeln darin schwenken. Mit Salz und Pfeffer würzen.
- Den Bröseltopfen unter die Nudeln heben und mit der gehackten Petersilie bestreuen. Perfekt dazu passt Blattsalat.

TIPP DER KÖCHIN: „Bei uns zu Hause wurden die Nudeln immer selbst gemacht. Auch heute noch bereitet meine Schwiegermutter die Nudeln selbst zu. Ihr Rezept lautet: 500 g griffiges Mehl, 3 Eier, 1/8 l Wasser, 1 TL Salz. Der Teig wird so lange geknetet, bis er seidig glatt ist. Nach ca. 30 Minuten in einer Frischhaltefolie wird er mit dem Nudelwalker oder noch besser mit der Nudelmaschine dünn ausgewalkt und in beliebige Formen geschnitten."

Herbstsalat

Gerade der Herbst breitet im Weinviertel eine bunte Palette von Früchten aus. Nicht nur Süßes, auch Pikantes lässt sich daraus zaubern.

ZUTATEN

300 g Kürbis (Butternuss)
2 Äpfel
2 Birnen
100 g Dörrzwetschken
10 gegarte Maroni
Kürbiskerne und Walnüsse nach Belieben
Vogerlsalat zur Garnitur

DRESSING

Saft von 1 Zitrone
1 EL Honig
1 KL Senf
1 Prise Vanillezucker
2 EL Sonnenblumenöl

- Den Kürbis schälen, halbieren, Kerne entfernen und in feine Scheiben schneiden. Ebenso verfahren Sie mit Birnen und Äpfeln. Dörrzwetschken, Maroni und Walnüsse grob hacken.
- Für das Dressing alle Zutaten vermengen und die geschnittenen Herbstfrüchte untermischen – gut durchziehen lassen und mit dem Vogerlsalat anrichten.

TIPP DER KÖCHIN: „Man sagt: Salat will Essig vom Geizhals, Öl vom Verschwender. Salate frisch servieren oder gut in der Marinade ziehen lassen. Die Süße macht den Salat oft erst rund."

Eierschwammerl-brot

Eine schmackhafte Jausen-Idee für die Pilzsaison. Mundet köstlich mit einem herzhaften Bauernbrot. Dieses kann auch getoastet sein.

ZUTATEN

3 Handvoll Eierschwammerl
7 Eier
1/16 l Obers
1 gehackte Zwiebel
1 EL Schnittlauch
Salz, Pfeffer
Butterschmalz zum Anrösten

- Putzen Sie die Schwammerl und schneiden Sie die größeren in mundgerechte Stücke. Gemeinsam mit der gehackten Zwiebel werden sie in Butterschmalz angeröstet.
- Die Eier mit dem Obers verquirlen, salzen und pfeffern und über die Schwammerl gießen. Etwas rühren, bis die Masse stockt.
- Die Eierschwammerl servieren Sie nun auf Bauernbrot, garniert mit Schnittlauch.

TIPP DER KÖCHIN: „Ich verwende in der Küche sehr häufig Butterschmalz. Dieses ist ein sehr hochwertiges Fett, und es ist einzigartig im Geschmack. Man kann es fertig kaufen oder selbst herstellen, indem man Butter ganz langsam so lange erhitzt, bis sich Eiweiß und Milchzucker trennen und das Wasser verdunstet. Im Gegensatz zur Butter lässt sich Butterschmalz hoch erhitzen. Hat man kein Butterschmalz zur Hand, möchte aber dennoch nicht auf den Buttergeschmack verzichten, gibt man z. B. beim Anbraten neben dem Öl ein Stück Butter in die Pfanne."

Allerheiligen-striezel

Der alte Brauch ist nach wie vor lebendig: Kinder ziehen rund um den 1. November von Haus zu Haus, um einen Striezel zu „erbetteln".

ZUTATEN

1 kg Mehl
1 Päckchen Germ
400 ml Milch
150 g Butter
150 g Zucker
2 Eier
Salz
Zitronenschale
Rum
1 Ei zum Bestreichen
evtl. Hagelzucker zum Bestreuen

- Erwärmen Sie die Milch in einem größeren Gefäß und lösen Sie darin Salz, Zucker und die Butter auf. Germ zerbröseln und unter das Mehl mischen. Milch und die Geschmackszutaten beigeben und mit der Küchenmaschine so lange kneten, bis der Teig nicht mehr an der Schüssel klebt. An einem warmen Ort auf das doppelte Volumen aufgehen lassen.
- Flechten Sie nun zwei Zöpfe aus dem Teig, besprühen Sie diese mit Wasser und bestreichen Sie sie mit Ei. Lassen Sie das Backwerk nochmals 15 Minuten gehen. Im vorgewärmten Backrohr braucht der Striezel bei 160 °C nochmals 50 Minuten, bis er fertig ist.

TIPP DER KÖCHIN: „Zur Dekoration bestreue ich den Striezel meist mit Hagelzucker, das lässt ihn besonders verführerisch aussehen. Wie alle Germteigrezepte backe ich den Striezel ohne Heißluft, um ein Austrocknen zu vermeiden."

Stichwort ALLERHEILIGEN

Im Weinviertel ist das „Striezelpaschen", „Striezelwürfeln" oder Striezelspielen flächendeckend bekannt, nicht so in anderen Vierteln des Landes. Der Allerheiligenstriezel hat seine Wurzeln im Heidentum. Zu dieser Zeit hat man Toten noch Lebensmittel ans Grab gebracht. Am Abend des letzten Oktobertages, heute auch als der keltische Brauch „Halloween" bei uns gefeiert, wird es in den Gasthäusern laut und lustig. Die Wirtsleute haben ja nach vorheriger Anmeldung eine Anzahl Allerheiligenstriezel angeschafft, und nun wird bis spät in die Nacht um die Wette gewürfelt. Der Sieger jeder Runde gewinnt ein solches Backwerk. Zum Schluss wird dann noch der Striezelkönig ermittelt. Auf ihn wartet mitunter ein eineinhalb Meter langes Exemplar.

Aus der Erinnerungstruhe von Elisabeth Schöffl-Pöll

Grammelgitterkuchen

Diese Mehlspeise wird tatsächlich mit Grammeln gemacht. Sie erinnert im Aussehen an eine Linzer Torte.

ZUTATEN

600 g Mehl
250 g Staubzucker
250 g faschierte Grammeln
1 bis 2 EL Schmalz
etwas Milch
2 Eier
2 Päckchen Backpulver
2 Päckchen Vanillezucker
Ribiselmarmelade zum Bestreichen

- Zuerst Mehl, Vanillezucker, Staubzucker und die faschierten Grammeln abbröseln. Unter Zugabe von Ei, Schmalz und Milch zu einem glatten Teig verarbeiten, den Sie kurz kühl rasten lassen.
- Zwei Drittel des Teiges auf einem Backblech auswalzen und mit Ribiselmarmelade bestreichen. Aus dem restlichen Teig schneiden Sie lange Streifen, welche Sie gitterförmig über die Marmelade legen. Bei ca. 170 °C beträgt die Backzeit 40 Minuten.

TIPP DER KÖCHIN: „Ich lasse den Kuchen ein paar Tage stehen, dann wird er erst so richtig saftig. Und nicht an der Ribiselmarmelade sparen."

Schmerzipf

Schmer ist das Bauchfett des Schweines. Dieses Rezept ist aufwendig und erfordert Geduld, da zwei Teige zubereitet werden müssen. Doch die fertige Mehlspeise entschädigt dafür!

ZUTATEN FÜR TEIG 1

1 kg faschierter Schmer
750 g glattes Mehl

FÜR TEIG 2

750 g glattes Mehl
3 Dotter
2 Eier
1/4 l Wein (oder Wasser)
Salz

Marmelade für die Fülle
Eiklar zum Bestreichen

- Bereiten Sie die beiden Teige zu, indem Sie die jeweiligen Zutaten vermengen. Den zweiten Teig auswalken und den ersten Teig als Ganzes darin einschlagen. Anschließend mit dem Nudelwalker vorsichtig auseinanderklopfen. Wichtig: Ab nun darf der Teig nur noch geklopft und nicht mehr geknetet werden, sonst blättert er beim Backen nicht!
- Den ausgebreiteten Teig von zwei Seiten einschlagen und dann wieder auseinanderklopfen. Die Prozedur einmal wiederholen, dann erneut zusammenlegen. In einer Frischhaltefolie kann der Teig rund 1 Stunde rasten. Diesen Vorgang wiederholen Sie noch zweimal.
- Nun den Teig ausrollen und in beliebige Formen schneiden: Dreiecke, Taschen, Stangen etc. Auf die Teigstücke setzen Sie je einen Löffel Marmelade und klappen sie zusammen. Die Ränder mit Eiklar bestreichen und gut zusammendrücken.
- Auf das Blech gesetzt und im vorgeheizten Rohr bei 165 °C Heißluft gebacken, ist das Werk in ca. 25 Minuten vollendet.

TIPP DER KÖCHIN: „Es handelt sich bei diesem Rezept im Prinzip um einen Blätterteig, bei dem die Butter durch Schmer ersetzt wird. Die feste Haut unbedingt entfernen, weil sonst Fäden entstehen. Anschließend muss der Schmer faschiert werden."

Mürber Apfelstrudel

Köstlich und schnell zuzubereiten. Schmeckt sowohl kalt als auch warm zu Tee und Kaffee.

ZUTATEN FÜR DEN TEIG

500 g glattes Mehl
1 Päckchen Backpulver
250 g Butter
200 g Staubzucker
2 Eier
1 Ei zum Bestreichen

FÜR DIE FÜLLE

1,5 kg Äpfel
100 g Zucker
100 g gemahlene Nüsse
Zimt
Rosinen nach Belieben

- Die Zutaten rasch zu einem Teig verarbeiten und diesen kurz kühl rasten lassen. Die Äpfel grob raspeln, zuckern und mit Nüssen, etwas Zimt und eventuell Rosinen vermengen.
- Den Teig etwa einen halben Zentimeter dick ausrollen. Auf eine Hälfte des Teiges geben Sie die Fülle. Dann die Seiten einschlagen und den Strudel einrollen. Mit Ei bestreichen. Die Backzeit im Rohr beträgt rund 35 Minuten bei 180 °C.

Apfelparfait mit Hollersoße

ZUTATEN FÜR DAS PARFAIT

500 g säuerliche Äpfel
100 g Zucker
1 Zitrone
3 EL Apfelbrand
1/2 l Schlagobers
1 Ei
3 Dotter

FÜR DIE HOLLERSOSSE

400 ml schwarzer Hollersaft
2 TL Speisestärke
4 EL Rotwein
1 EL Honig
1/2 Zitrone

- Schälen und entkernen Sie die Äpfel. Einen Apfel klein würfeln und mit Apfelbrand marinieren. Die restlichen Äpfel mit Zitronensaft dünsten und zu einem Mus pürieren.
- Schlagobers halbfest schlagen. Ei, Dotter und Zucker in einem Schneekessel über Dampf cremig aufschlagen. (Vorsicht: Das Wasser soll dabei nicht kochen!) Danach kalt rühren. Zum Schluss vervollständigen Mus, Apfelstücke und das geschlagene Obers die Ei-Zucker-Masse. Die Masse in eine oder mehrere Formen füllen und mehrere Stunden gefrieren lassen.
- Die Soße stellen Sie her, indem Sie Hollersaft in einem kleinen Topf zum Kochen bringen, die mit Wein verrührte Stärke daruntermengen und nochmals aufkochen lassen. Mit Zitronensaft und Honig wird abgeschmeckt.

TIPP DER KÖCHIN: „Ganz wichtig beim Halbgefrorenen ist die richtige Temperatur beim Servieren. Es darf nicht mehr hart gefroren sein, sondern sollte sich weich löffeln lassen. Daher rechtzeitig aus dem Tiefkühlfach nehmen."

B'soffener Kapuziner

Der volkstümliche Name resultiert aus der Farbe, die an die braunen Kutten der Kapuzinermönche erinnert. Es sind aber auch die Namen „Weinschöberl“ und „Weinkoch“ gebräuchlich.

ZUTATEN

140 g Kristallzucker
140 g Semmelbrösel
4 Dotter
4 Eiklar

FÜR DEN GLÜHWEIN

1/2 l Weißwein
1/4 l Wasser
100 g Zucker
Zimtrinde, Gewürznelken
Zitronen- und Orangenschale

- Zuerst Dotter und Zucker schaumig schlagen. Dann Eiklar cremig schlagen und gemeinsam mit den Bröseln unter die Dottermasse rühren. In befettete Formen geben und backen.
- Die Backwerke werden mit Glühwein getränkt, der sich ganz einfach brauen lässt. Wein, Wasser, Zucker und Gewürze erhitzen, die Schalen zugeben, 10 Minuten ziehen lassen.
- Die Teigküchlein aus der Form nehmen, eventuell portionieren und mit dem warmen Wein übergießen.

Nussbrot

Nüsse, Brot und Wein – diese drei Dinge dürfen bei einer Weinviertler Jause nicht fehlen.

ZUTATEN

250 g griffiges Weizenmehl
250 g glattes Weizenmehl
500 g Roggenmehl
4 bis 5 Handvoll Walnüsse
1 EL Salz
1 EL Zucker
1 Päckchen Germ
1 EL Kümmel
3/4 l lauwarmes Wasser

- Zutaten in der Schüssel mit dem Knethaken gut abschlagen, bis sich der Teig von der Schüssel löst. An einem warmen Ort aufgehen lassen.
- Sobald sich das Volumen annähernd verdoppelt hat, können Sie mit der Verarbeitung fortfahren: Formen Sie einen Wecken und setzen Sie diesen auf ein bemehltes Blech. Teig mit Wasser befeuchten und mit einer Backnadel mehrmals anstechen. Im Rohr zuerst 20 Minuten bei 250 °C backen, dann weitere 40 Minuten bei 180 °C. Stellen Sie eine Schüssel Wasser ins Rohr, damit genügend Feuchtigkeit vorhanden ist.

TIPP DER KÖCHIN: „Ich verwende gerne ein bemehltes Brotsimperl, um den Teig darin gehen zu lassen. Dadurch bekommt das Backwerk gleich die gewünschte Form."

Kürbis paradies Retz

Im Rohr schmort ein Wildschweinbraten, dazu gibt es Kürbisgemüse und Kraut – damit hat man bereits drei wichtige kulinarische Eckpfeiler des nordwestlichen Weinviertels angesprochen. Seit einigen Jahren dreht sich im Herbst alles um den Kürbis, der mittlerweile ein (wiederentdecktes) Aushängeschild der Region geworden ist und im Zentrum zahlreicher Veranstaltungen steht.

Im Pulkautal ist eher der Rotwein beheimatet, Retz ist wiederum ein Weißweingebiet. Apropos: Die Stadt birgt ihren wahren Schatz unter der Erde. Der größte historische Weinkeller Österreichs übertrifft in seiner Ausdehnung sogar die Siedlung darüber. Eine Besichtigung ist für jeden Weinfreund ein Muss. Wer dennoch lieber über der Erde bleibt, wird bei einem Besuch der auf einem nahen Hügel gelegenen einzigartigen Windmühle auf seine Rechnung kommen. Von hier aus bietet sich ein Panoramablick über Stadt und Region, der seinesgleichen sucht.

Kürbiscremesuppe

Vom wenig geschätzten „Plutzer“ zur vielseitig verwertbaren Delikatesse – der Kürbis legte in den vergangenen Jahren eine beachtliche Karriere hin.

ZUTATEN

600 g Kürbis (vorzugsweise Hokkaido)
1 mehliger Erdapfel
2 Zwiebeln
1 l Gemüsesuppe
1/8 l Weißwein
1/4 l Schlagobers
1 EL Butterschmalz
Kürbiskernöl
geröstete Kürbiskerne
Salz, Pfeffer
1 Prise Muskatnuss

- Den Kürbis, den Erdapfel und die Zwiebeln in Würfel schneiden. Hokkaido-Kürbisse kann man mit Schale, aber ohne Kerne verwenden. Diese drei Zutaten werden in Butterschmalz kurz geröstet. Löschen Sie mit Weißwein ab und gießen Sie mit der Suppe auf.
- Die Flüssigkeit wird gut gewürzt und so lange gekocht, bis der Kürbis weich ist. Anschließend mit dem Mixstab pürieren. Die Konsistenz sollte cremig sein. Ist die Suppe zu dünn, können Sie etwas Maisstärke mit kaltem Wasser abrühren und beimengen.
- Das Obers leicht schlagen und mit einem Schneebesen in die Suppe einrühren. Sobald diese auf dem Teller ist, etwas Kürbiskernöl hineinträufeln. Gemeinsam mit ein paar darübergestreuten Kürbiskernen ergibt das die perfekte Verzierung.

TIPP DER KÖCHIN: „Zum Eindicken der Suppe eignet sich auch sehr gut eine Scheibe Vollkornbrot, die gemeinsam mit dem Kürbis püriert wird.“

Schweinsbauch mit Semmel-Kürbis-Fülle

Schweine werden im Weinviertel vor allem in qualitätsbewussten kleinbäuerlichen Betrieben gehalten. Als besondere regionale Marken haben sich beispielsweise das Tullnerfelder Schwein und das Strohschwein etabliert.

ZUTATEN

2 kg Schweinsbauch ohne Knochen
1 EL Schmalz
1/4 l Rindssuppe
Salz, Pfeffer
Knoblauch, Kümmel

FÜR DIE FÜLLE

250 g Semmelwürfel
1 EL Öl
3 Eier
1/4 l Obers oder Milch
1 fein gehackte Zwiebel
250 g feinwürfelig geschnittener Hokkaido-Kürbis
1 EL Petersilie, Majoran
Salz, Pfeffer

- Für die Fülle Zwiebel in Öl anschwitzen, Kürbis- und Semmelwürfel dazugeben. Alles kurz rösten und mit den übrigen Zutaten vermengen. Dann lassen Sie die Fülle einige Minuten ziehen.
- Mit einem Fleischmesser wird eine Tasche in das Bratenstück geschnitten, welche die Semmelmasse aufnehmen kann. Achten Sie beim Füllen auf eine lockere Konsistenz. Die Öffnung verschließen und am besten mit einer Rouladennadel zustecken.
- Rindssuppe in die Bratenform gießen und den Schweinsbauch mit der Schwarte nach unten ins Rohr schieben, wo er bei 200 °C ca. 30 Minuten bleibt. Danach drehen Sie den Braten um. Die Schwarte wird nun mit dem Messer etwa alle 4 mm eingeschnitten. Jetzt können Sie die Temperatur leicht reduzieren (180 °C) und den Braten ca. 1,5 Stunden fertig garen.

TIPP DER KÖCHIN: „Manchmal bleibt mir Fülle übrig. Dann forme ich kleine Knödel daraus und lasse diese in Salzwasser 15 Minuten ziehen, bis sie durch sind."

Wildschweinbraten

Wildschweine sind im Weinviertel in großer Zahl heimisch. Das Fleisch ist nicht so zart wie jenes des Rehs, aber im Geschmack unübertrefflich.

ZUTATEN

1,5 kg Wildschweinfleisch (vom Schlögel)
2 geschälte Zwiebeln
Wurzelwerk
5 Gewürznelken
2 Lorbeerblätter
1 EL Wacholderbeeren
1 geriebene Zitronenschale
1/4 l Rotwein
1/4 l Crème fraîche
1 Scheibe Schwarzbrot
30–50 g Kochschokolade
Schmalz zum Anbraten

- Das Fleisch wenn nötig häuten und in einem Topf kräftig anbraten. Das Fleisch verträgt eine ausgiebige Würze mit Salz und Pfeffer. Nach dem Anbraten mit Rotwein ablöschen.
- Die zerdrückten Wacholderbeeren, die Zitronenschale und die übrigen Gewürze, die Sie nun beimengen, sorgen für das richtige Aroma.
- Den Braten in einem Bett aus zerkleinertem Wurzelwerk ins vorgeheizte Rohr schieben und bei 190 °C 2 Stunden garen lassen. Spagat als Umwicklung hilft, ihn in Form zu halten. Zwischendurch können Sie mit Suppe oder Wasser aufgießen, damit sich ausreichend Bratensaft bildet. Nach einer Stunde Brotstücke und die Schokolade zugeben.
- Am Ende der Garzeit nehmen Sie das Fleisch heraus und stellen es warm. Der in der Pfanne verbliebene Bratenfond wird mit Crème fraîche verrührt. Nochmals aufkochen lassen, durch ein Sieb passieren und abschmecken. Die Soße separat zum Wildschwein servieren.
- Zur Jagdsaison passend empfiehlt sich Birnenkompott als Beilage. Dazu 1 kg geschälte Birnenspalten in 1/2 l Zuckerwasser bissfest kochen. Die Zugabe von 1 Msp. Ascorbinsäure verhindert das Braunwerden der Früchte.

Rotweinschalotten

Schalotten sind kleiner als herkömmliche Zwiebeln. Sie haben nicht nur deutlich weniger Schärfe, sie tendieren sogar zu eher süßlichem Geschmack.

ZUTATEN

50 g Zucker
50 g Butter
200 g Schalotten
1/4 l Rotwein
Salz, Pfeffer
Thymian
1 Schuss Rotweinessig

- Butter und Zucker in einer erhitzten Pfanne hellbraun karamellisieren lassen. Die Schalotten dazugeben und rösten.
- Zum Ablöschen verwenden Sie etwas Rotweinessig, dann werden die Schalotten mit Rotwein aufgegossen und gewürzt. Jetzt dünsten Sie die Zwiebeln weiter, aber nicht zu weich. Sie sollten durchaus „Biss“ haben.

Gebackene Blunzenradln mit Kren-Preiselbeer-kompott

Kren enthält mehr Vitamin C als Zitronen und zudem wichtige ätherische Öle. Gerade im Winter ist diese Wurzel besonders wertvoll für unseren Organismus.

ZUTATEN

300 g Blunzen
Semmelbrösel, Mehl, Ei zum Panieren
Rapsöl zum Herausbacken
200 g Preiselbeerkompott
2 EL geriebener Kren
Salz, Pfeffer

- Die gekochte Blutwurst schälen und schräg in ca. 1 cm dicke Scheiben schneiden. Die Wurstscheiben nacheinander in Mehl, versprudeltem Ei und Bröseln panieren und in Rapsöl herausbacken.
- Dazu servieren Sie das Preiselbeerkompott, das dank Kren und Gewürz eine pikante Note erhält.

Stichwort SCHLACHTEN

Noch in den Sechzigern wurde in den Bauernhäusern der „Sautanz" abgehalten. So nannte man das Sauschlachten, das besonders vor Weihnachten in den Höfen durchgeführt wurde und jeweils zu einem Fest ausartete. Ob der Begriff daher stammt, dass die betäubte und gestochene Sau oft noch eine Runde im Hof herumtanzte, bevor sie fiel, oder ob der Name davon kommt, dass der Bursch während des Schlachtfestes, durch Schnaps und Wein gelockert, einfach mit seinem Mädel eine Runde durch den Raum tanzte, wer weiß? Jedenfalls wurden bis in die Nacht hinein Blutwürste, Leber- und Presswürste gekocht, Schweinegedärme gefüllt, es wurden Fleisch und Speck eingepökelt und zum Selchen in große Fässer gezurrt. Speck wurde kleinwürfelig geschnitten und am heißen Herd zu Fett ausgelassen, wodurch man schöne braune Grammeln erhielt. Da Blut als Sitz der Seele und Lebenskraft gilt, erhoben die Landsleute den Sautanz unbewusst zu einer rituellen Handlung.

Aus der Erinnerungstruhe von Elisabeth Schöffl-Pöll

Krautfleckerl

Liebhaber deftiger Hausmannskost schwören nach wie vor auf dieses einfache, aber ausgiebige Gericht.

ZUTATEN

250 g Fleckerl-Nudeln
1 Häuptl Weißkraut
1 EL Schmalz
1/4 l Gemüsesuppe
1 Zwiebel
250 g Speck
1 EL Zucker
Salz, Pfeffer
Kümmel

- Entfernen Sie den Strunk vom Kraut und schneiden Sie es in feine Streifen. Salzen und einige Minuten ziehen lassen. In der Zwischenzeit die Fleckerl bissfest kochen.
- Zwiebel und Speck werden würfelig geschnitten und in Schmalz angebraten. Den Zucker dazugeben und karamellisieren lassen. Jetzt wandert das Kraut in die Pfanne, das sie anfangs leicht mitrösten, dann aber mit Suppe aufgießen, mit den Gewürzen anreichern und weich dünsten.
- Zu guter Letzt die gekochten Fleckerl dazumengen und kurz im Kraut ziehen lassen, ehe das Gericht auf den Tisch kommt.

Krautrouladen

Kraut ist im Weinviertel ein weit verbreitetes Wintergemüse. Als Vitaminspender ist es gerade in der kalten Jahreszeit wertvoll – und überdies vielseitig verwendbar.

ZUTATEN FÜR DIE HÜLLE

1 Häuptl Weißkraut
8 Scheiben Speck
1 Schuss Weißwein

FÜR DIE FÜLLE

500 g Faschiertes
1 eingeweichte Semmel
1 Ei
1 gehackte kleine Zwiebel
1 zerdrückte Knoblauchzehe
gehackte Petersilie
Pfeffer, Salz, Majoran

- Die Fülle bereiten Sie zu, indem Sie alle Zutaten dafür in kaltem Zustand abmischen und beiseite stellen.
- Der Krautkopf wird von Strunk und Außenblättern befreit. Das Häuptl so lange in kochendes Wasser legen, bis sich die Krautblätter gut ablösen lassen. In kaltem Wasser abschrecken.
- 8 große Krautblätter auflegen, mit Frischhaltefolie belegen und leicht mit dem Fleischklopfer schlagen. Folie wieder entfernen. Auf jedes Blatt eine Portion Faschiertes geben, die Enden einschlagen und die Krautblätter fest zusammenrollen. Dann wickeln Sie eine Scheibe Speck um jede Roulade, ein Zahnstocher sorgt zusätzlich für Halt.
- Die Rouladen werden in eine gefettete Auflaufform geschlichtet, ein Schuss Weißwein kommt dazu. Im vorgeheizten Rohr dauert es bei 180 °C rund 25 Minuten, bis sie gar sind.

Pulkautaler Sterz

Eine regionaltypische Spezialität des Pulkautales. Dank einfacher und billiger Zutaten kam dieses Gericht speziell bei Bauern und Winzern früher fast täglich als Sattmacher auf den Tisch – sowohl im Sommer als auch im Winter.

ZUTATEN

4 gekochte, kalte Erdäpfel
3 EL Schmalz

FÜR DIE MEHLKNÖDEL

250 g Universalmehl
1 TL Salz
1 EL Schmalz
ca. 300 ml kochendes Wasser

- Für die Knödel das Mehl salzen, das Schmalz dazugeben und mit dem heißen Wasser übergießen. Kneten, Knödel formen und sofort in kochendes Salzwasser geben. So lange zuwarten, bis die Knödel oben schwimmen.
- Zur Zubereitung des Sterzes brauchen Sie nun drei Mehlknödel sowie die Erdäpfel. Beide Zutaten werden grob gerieben. Schmalz in einer Pfanne erhitzen, Knödel und Erdäpfel darin 15 Minuten rösten und salzen.
- Zum Sterz wird meist Fisolensalat serviert. Wobei die Pulkautaler unter „Fisolen" die weißen Bohnen verstehen, und nicht, wie sonst meist üblich, die grünen Stangenbohnen.

TIPP DER KÖCHIN: „Mehlknödel verwende ich auch gerne zu Wildsoßen, zu Gulasch oder zum Geselchten. Genauso kann man sie auch mit Grammeln oder Speck füllen."

Kraut-tascherl

Der Teig für die Tascherl ist auch ein hervorragender Strudelteig. Kosten Sie ihn doch einmal mit einer Fülle aus hausgemachter Marmelade!

ZUTATEN FÜR DEN TEIG

120 g Mehl
120 g Butter
120 g Topfen
Salz

FÜR DIE FÜLLE

100 g Sauerkraut
100 g Frühstücksspeck
1 Zwiebel
Petersilie, Paprika
Salz, Pfeffer
Ei zum Bestreichen

- Den Teig stellen Sie her, indem Sie alle Zutaten mit der Küchenmaschine kurz durchkneten und dann gut kühlen lassen.
- Nun zur Fülle: Zwiebel und Speck kleinwürfelig schneiden und glasig anrösten. Das Kraut ebenfalls kleiner schneiden, dazugeben und durchrösten. Zum Darüberstreuen gehackte Petersilie verwenden. Salz, Pfeffer und Paprika sorgen für die richtige Würze.
- Walken Sie den Teig aus, und stechen Sie mit dem Keksausstecher Scheiben aus. Diese mit Ei bestreichen, einen Löffel Kraut darauf platzieren und den Teig zu einem Täschchen zusammendrücken. Nochmals mit Ei bestreichen und bei ca. 180 °C 15 Minuten im Rohr backen.
- Kürbisragout passt prima als Beilage dazu.

TIPP DER KÖCHIN: „Falls es die Zeit erlaubt, kann man den Teig ohne weiteres schon ein bis zwei Tage im Voraus zubereiten. Wenn man ihn dreifach zusammenlegt und dann wieder ausklopft, und diese Prozedur mehrfach wiederholt, geht der Teig meiner Erfahrung nach besonders gut auf."

Dalken mit Brombeeren

Dalken, auch Liwanzen genannt, sind ein gutes Beispiel für den Einfluss der böhmischen Küche. Am besten gelingen sie mit einer speziellen Dalkenpfanne. Diese besitzt bereits die entsprechenden Vertiefungen.

ZUTATEN

300 g glattes Mehl
1 Päckchen Germ
4 Dotter
4 Eiklar
100 g Kristallzucker
100 g Butter
1/2 l Milch
1 Päckchen Vanillezucker
Zitronenschale, Salz
Butterschmalz zum Herausbacken
Frische Brombeeren als Garnitur

- Mehl, Germ, Dotter, Milch, Butter und Zitronenschale zu einem glatten Teig verrühren. Kristall- und Vanillezucker mit Eiklar zu Schnee schlagen und unterrühren. Vor der Weiterverarbeitung eine halbe Stunde rasten lassen.
- In einer Dalkenpfanne Butterschmalz erhitzen, den Teig in die Vertiefungen füllen. Zuerst auf einer Seite backen, dann wenden und fertig backen.
- Mit frischen Brombeeren serviert, werden die Dalken bei Groß und Klein Anklang finden.

TIPP DER KÖCHIN: „Wenn ich keine Dalkenpfanne zur Hand habe, helfe ich mir, indem ich in einer beschichteten Pfanne kleine Teighaufen backe.“

Weintraubenstrudel

Was wäre die Weinviertler Küche ohne Rezepte mit Trauben? Durch das Mitbacken des Biskuits bekommt diese Mehlspeise richtig Biss.

ZUTATEN FÜR DEN STRUDELTEIG

300 g griffiges Mehl
1 Ei
ca. 100 ml Wasser
2 EL Öl
1 EL Rum
Salz

FÜR DEN BISKUITTEIG

100 g Mehl glatt
120 g Kristallzucker
4 Eier
Zitronenschale

FÜR DIE FÜLLE

1 kg rote und weiße Weintrauben
200 g Brösel
4 EL Kristallzucker
2 Päckchen Vanillezucker
1 EL Butter
Zimt

- Für den Strudelteig Mehl, Ei, Rum und Wasser (nach Bedarf) sowie Salz zu einem Teig kneten. Der Teig darf dann, mit Öl bestrichen und einer Frischhaltefolie bedeckt, eine Stunde warm rasten.
- Für das Biskuit Eier, Kristallzucker und Zitronenschale schaumig rühren und das Mehl unterheben.
- Für die Fülle werden Zucker und Brösel in zerlassener Butter goldbraun geröstet. Zimt und Zitronenschale verfeinern den Geschmack.
- Den Strudelteig ausziehen, das Bröselgemisch darauf verteilen, desgleichen die gerebelten Weintrauben. Nun bedecken Sie alles mit dem geschlagenen Biskuit. Den Strudel einrollen, in eine Pfanne geben und bei 150 °C im Rohr 45 Minuten lang backen.

TIPP DER KÖCHIN: „Die Beigabe von Rum hat nicht den Zweck, die Mehlspeise alkoholhaltig zu machen. Vielmehr lässt sich dadurch der Teig besser ziehen."

Rotweingugelhupf

Ein Wochenende ohne Gugelhupf? In vielen Weinviertler Familien war das früher undenkbar. Und die Kinder freuten sich immer darauf, die Teigschüssel ausschlecken zu dürfen.

ZUTATEN

500 g glattes Mehl
400 g Kristallzucker
400 g Butter
200 g geriebene Schokolade
8 Eier
1 Päckchen Backpulver
1 Päckchen Vanillezucker
1/4 l Rotwein
2 TL Kakao
1 TL Zimt
Fett und Semmelbrösel für die Backform

- Butter, Zucker und Vanillezucker schaumig rühren und nach und nach die Eier dazugeben.
- Das Mehl vermengen Sie mit Backpulver, Kakao und Zimt sowie der geriebenen Schokolade. Diese dunkle Masse rühren Sie abwechselnd mit dem Rotwein in die Buttermasse.
- Die Gugelhupfform wird eingefettet und mit Semmelbröseln bestreut. Mit Teig befüllen und ins Rohr schieben. Bei 160 °C entsteht in 50 bis 55 Minuten ein köstliches Backwerk.
- Vorsichtig stürzen und auskühlen lassen.

TIPP DER KÖCHIN: „Ich verwende Schweineschmalz zum Fetten der Backform. Da bleibt garantiert nichts kleben!“

Kürbis-Dörrzwetschken-Strudel

All jenen, denen das Ziehen eines Strudelteigs zu mühsam scheint, sei dieses Teigrezept ans Herz gelegt. Es gelingt immer, egal ob mit süßer oder saurer Fülle.

ZUTATEN FÜR DEN TEIG

200 g glattes Mehl
1 Päckchen Backpulver
1 Dotter
1 EL weiche Butter
3 EL Sauerrahm

FÜR DIE FÜLLE

500 g Kürbis (z. B. Muskat)
500 g Zucker
1 Päckchen Vanillezucker
200 g gehackte Dörrzwetschken
1 EL Honig
3 EL Semmelbrösel
Orangenschale
Zimt

- Zur Zubereitung der Fülle den rohen Kürbis in Streifen schneiden, mit etwas Zucker vermengen und in einem Sieb abtropfen lassen. Dann ausdrücken und mit den übrigen Zutaten vermengen.
- Für die Hülle verarbeiten Sie alle Zutaten zu einem geschmeidigen Teig, den Sie kurz rasten lassen. Den Teig nun ausrollen und die Kürbisfülle auf zwei Drittel der Fläche verteilen. Den Teig wieder zusammenschlagen und den Strudel 35 Minuten bei ca. 180 °C im Rohr backen.

Kürbiskernroulade mit Kürbisobers

Rouladen in vielen Variationen haben einen Stammplatz auf dem Speisezettel der Weinviertler – und finden auch bei Gästen immer Anklang.

ZUTATEN FÜR DIE ROULADE

60 g Mehl
130 g Kristallzucker
1 Päckchen Vanillezucker
6 Eiklar
60 g geriebene Kürbiskerne
1 EL Kürbiskernöl

FÜR DAS KÜRBISOBERS

250 g Kürbis (z. B. Muskat)
100 g Apfelspalten
100 g Staubzucker
1 Päckchen Vanillezucker
1/4 l Schlagobers
1/8 l Eierlikör
1 EL Rum
5 Blatt Gelatine

- Für die Roulade schlagen Sie sechs Eiklar mit Kristallzucker und Vanillezucker cremig auf, dann rühren Sie Mehl, Kürbiskerne und Kürbiskernöl unter. Diese Masse wird im Rohr 15 Minuten bei 180 °C gebacken.
- Nehmen Sie den Teig nun aus dem Backrohr und stürzen Sie ihn auf Butterpapier, das mit griffigem Mehl bestreut ist. Das Papier abziehen und sofort eine Rolle formen. Sobald die Roulade erkaltet ist, kann sie ausgerollt werden und die Fülle aufnehmen.

- Nun zur Fülle: Die Gelatineblätter werden in kaltem Wasser eingeweicht. Kürbis und Äpfel weich dünsten und mit dem Stabmixer pürieren.
- Als Nächstes die Gelatine ausdrücken und im warmen Obstpüree auflösen, dann erkalten lassen.
- Schlagobers mit Staubzucker, Vanillezucker und Eierlikör aufschlagen und in die ausgekühlte Obstmasse einrühren.
- Die Fülle ist somit fertig und kann auf den ausgekühlten und ausgerollten Teig gestrichen werden. Dieser wird wieder vorsichtig eingerollt, die Roulade ist servierfertig.

Herbstknöderl

Gerade die Früchte des Herbstes kommen besonders gut zur Geltung, wenn man sie in Erdäpfelteig verpackt.

ZUTATEN FÜR DEN TEIG

500 g mehlige Erdäpfel
200 g griffiges Mehl
50 g Grieß
1 Ei
1 Dotter
1 Schuss Rum
Vanillezucker
Zimt
Salz

FÜR DIE FÜLLE

Obst der Saison (Zwetschken oder Weingartenpfirsiche oder Weintrauben)
Marzipan oder Würfelzucker

ZUM WÄLZEN

200 g Semmelbrösel
100 g geriebene Walnüsse oder
150 g geriebener Mohn oder
150 g Kokosflocken
100 g Kristallzucker
1 Päckchen Vanillezucker
1 EL Butter
Zimt

- Die Zwetschken und die kleinen Weingartenpfirsiche vom Kern befreien und diesen durch Würfelzucker oder ein Stück Marzipan ersetzen.
- Die gekochten Erdäpfel noch warm durch die Erdäpfelpresse drücken. Dann werden sie mit den übrigen Zutaten zu einem Teig verarbeitet. Diesen können Sie 15 bis 30 Minuten rasten lassen.
- Im nächsten Schritt formen Sie aus dem Teig eine Rolle, von der Sie Scheiben abschneiden. Diese werden flach gedrückt, mit dem Obst belegt und zu Knödeln geformt. In leicht kochendes Salzwasser gleiten und offen gut 5 Minuten köcheln lassen. Die Knödel sind durch, wenn sie an die Oberfläche steigen.
- Zum Wälzen Butter in einer Pfanne heiß werden lassen und darin eine Mischung Ihrer Wahl kurz rösten, also zum Beispiel Brösel-Nuss, Brösel-Mohn oder Brösel-Kokos. Nicht auf Vanillezucker und Zimt vergessen. In dieser Mischung wälzen Sie die Knödel, bis sie rundherum eingehüllt sind.

TIPP DER KÖCHIN: „Ich stimme die Hülle immer auf den Inhalt ab. Die Zwetschkenknödel wälze ich in einer Mohnmischung, die Traubenknödel in Nussbröseln, die Pfirsichknödel in Kokos."

Weinviertler Nussbögen

Nicht nur die Toskana kennt Nussgebäck (Cantuccini) zum Wein. Versuchen Sie dieses süße Backwerk hauchdünn aufgeschnitten mit einer Spätlese aus dem Weinviertel!

ZUTATEN

300 g glattes Mehl
100 g Zucker
2 Eier
1 Päckchen Backpulver
150 g Nüsse
Salz

- Eier mit Zucker und Salz schaumig rühren. Das mit Backpulver vermischte Mehl sowie die Nüsse unterrühren. Aus der Masse formen Sie vier Teigrollen, die bei 180 °C ca. 20 Minuten im Rohr bleiben. Noch warm in Scheiben schneiden.

TIPP DER KÖCHIN: „Schmeckt auch vorzüglich mit Dörrzwetschken oder gehackten Kürbiskernen."

Hollerkoch

Kein Weinviertler Bauernhof ohne Hollerbusch. Angeblich hält er die bösen Geister fern. Holler stärkt überdies die Abwehrkräfte des Körpers und fördert die Blutreinigung.

ZUTATEN

150 ml Wasser
1/4 l Rotwein
200 g Zucker
400 g abgerebelte Hollerbeeren
250 g Zwetschken
200 g geschälte und gewürfelte Äpfel
200 g geschälte und gewürfelte Birnen
1 Zimtstange
5 Gewürznelken
abgeriebene Zitronenschale
1 Päckchen Vanillepudding

- Zuerst Rotwein, Gewürze und Zucker aufkochen. Dann fügen Sie die Hollerbeeren dazu und lassen alles rund 5 Minuten köcheln. Als Nächstes können Sie die Apfel- und Birnenwürfel sowie die geviertelten Zwetschken dazugeben und für weitere 10 Minuten köcheln lassen.
- Den Vanillepudding mit Wasser anrühren und mit der Hollermasse vermengen. Noch heiß in Gläser abfüllen.

TIPP DER KÖCHIN: „Es hat sich als sehr praktisch erwiesen, Zimtstange und Nelken zum Kochen in ein Teeei oder ein Sackerl zu geben. Dann erspart man sich am Schluss das mühsame Herausfischen."

Hollersirup

Für dieses Rezept benötigen Sie einen Dampfentsafter. Im Verhältnis 1:6 mit Wasser verdünnt, ergibt der Sirup ein köstliches Getränk auch für die Wintermonate.

ZUTATEN

300 g Hollerbeeren
3 l Wasser
50 g Zitronensäure
1,5 kg Gelierzucker

- Die Hollerbeeren mit der Zitronensäure und der Hälfte des Zuckers vermischen und mehrere Stunden stehen lassen. Danach gemeinsam mit dem restlichen Zucker in den Dampfentsafter geben und entsaften.

TIPP DER KÖCHIN: „Der Hollersaft schmeckt eher herb. Um ihn lieblicher zu machen, gebe ich beim Entsaften 1 Kilogramm Apfelspalten dazu."

Spezialitätenecke Wagram

Im engeren Sinn ist der Wagram eine Geländestufe – eine von Hohlwegen durchfurchte Lössterrasse, die den Übergang vom Hügelland ins weitläufige Donautal markiert. Es handelt sich dabei um die kleinste Region im Reigen der Weinviertler Landschaften, dessen ungeachtet hat sie allerhand Köstlichkeiten zu bieten.

Kirchberg und Fels am Wagram sind die bekanntesten Orte. Fasst man den Begriff Wagram räumlich etwas weiter, wäre auf Schloss Grafenegg zu verweisen, ein Kultur- und Konzertzentrum von internationaler Bedeutung. Und dort, wo der Wagram sanft in das Schmidatal übergeht, wartet eine Kuriosität auf militärhistorisch interessierte Besucher: der Heldenberg mit dem monumentalen Grabmal des Feldmarschalls Radetzky. Gleich daneben haben seit einigen Jahren die berühmten Lipizzaner der Hofreitschule ihr Sommerquartier aufgeschlagen.

Bei den Weinfreunden haben sich die Winzer mit ihren edlen Tropfen längst einen hervorragenden Namen gemacht. Die Küche hat hier ein paar delikate Nischen besetzt: Gans, Ente, Wagramer Forelle sorgen für Gaumenfreuden. Auch Kirschen und Nüsse sind typisch für die Region.

CLAAS
MAXI

Stichwort Martinigansl

Der Legende nach soll sich der heilige Martin im Gänsestall verkrochen haben, um dem schweren Amt des Bischofs entgehen zu können. Das Geschnatter der Gänse allerdings soll ihn verraten haben. Tatsache ist, dass die Gänse Anfang November zum Martinifest am 11. 11. voll gemästet sind und dies eine der letzten Gelegenheiten zu einem festlichen Essen ist, bevor die adventliche Fastenzeit beginnt. Das Brustbein der Martinigans dient auch als Orakel: Seine Farbe lässt auf Strenge oder Milde des kommenden Winters schließen.

Aus der Erinnerungstruhe von Elisabeth Schöffl-Pöll

Ganslsuppe

Sie lässt sich auch mit Kalbfleisch, Schweinefleisch, Wild oder Huhn abwandeln. Die entsprechenden Innereien gehören auf jeden Fall dazu.

ZUTATEN

Gänsestücke und -innereien
Wurzelwerk
1 Lorbeerblatt
Pfefferkörner

FÜR DIE EINMACH

80 g Butter
40 g griffiges Mehl
Salz, Pfeffer
Petersilie
Muskatnuss

- Das Gänseklein und die Innereien im Ganzen mit Wurzelwerk, Lorbeerblatt und Pfefferkörnern weich kochen. Abseihen und den Sud beiseite stellen.
- Aus Butter und Mehl bereiten Sie nun eine „Einmach" und geben gehackte Petersilie dazu. Mit dem zuvor gekochten Sud aufgießen und mit dem Schneebesen glatt rühren. Nun schneidet man das Fleisch, Innereien und Wurzelwerk klein und reichert die Suppe damit an.
- Mit Salz, Pfeffer und Muskatnuss abschmecken. Besondere Feinspitze geben zum Schluss einen Tupfen leicht geschlagenes Obers dazu. Als Einlage ideal sind Bröselknödel (siehe folgendes Rezept).

TIPP DER KÖCHIN: „Warm zugedeckte Suppen werden bei längerem Stehen leicht sauer. Möchte ich die Suppe für den nächsten Tag oder das Abendessen aufheben, gebe ich den Deckel nie fest auf den Topf."

Bröselknödel

Eine Spezialität, die als Einlage jede gebundene Suppe bereichert. Beispielsweise die Ganslsuppe (siehe vorhergehendes Rezept).

ZUTATEN

60 g Butter
2 Eier
150 g Semmelbrösel
1/8 l Milch
Salz, Pfeffer
Muskatnuss
Petersilie

- Die weiche Butter rühren Sie mit den übrigen Zutaten ab und lassen die Masse 15 Minuten rasten. Kleine Knödel formen und im Salzwasser kochen lassen, bis sie an der Oberfläche schwimmen.

Wagramer Forellenfilet im Brotmantel

Die Wagramer Forelle, die aus bäuerlichen Betrieben kommt, genießt dank ihrer hohen Qualität einen ausgezeichneten Ruf. In diesem Fischrezept vereinen sich Tradition und Moderne.

ZUTATEN

4 kleine Lachsforellenfilets
4 Scheiben Weißbrot

FÜR DIE FARCE

2 kleine Forellenfilets
1/8 l Schlagobers
1 Ei
Salz, Pfeffer
Butterschmalz zum Braten

- Aus den Forellenfilets, dem Ei, Schlagobers, Salz und Pfeffer in einem Cutter eine cremige Farce (Füllung) bereiten. Unbedingt alles kalt verarbeiten, da sonst die Masse gerinnen könnte.
- Legen Sie Frischhaltefolie über die Weißbrotscheiben (am besten eignet sich Tramezzinibrot). Nun leicht mit einem festen Gegenstand klopfen. Das hat den Vorteil, dass sich das Brot besser rollen lässt. Danach das Weißbrot mit etwas Farce bestreichen, die Fischfilets darauflegen, wieder etwas Farce auftragen und eng einrollen. Fest in Alufolie wickeln, auch an den Enden zusammenrollen.
- In dieser Folie backen Sie die Forellen im Rohr bei ca. 120 °C ca. 20 Minuten lang. Als Alternative hat sich ein Dampfgarer bei 100 °C bewährt. Danach die Folie entfernen und den eingehüllten Fisch in Butterschmalz rundum knusprig braten.

TIPP DER KÖCHIN: „Anstelle von Tramezzini-Weißbrot kann auch ein Toastblock entrindet und der Länge nach in Scheiben geschnitten werden."

Weißweinsoße

In dieser Soße fühlen sich die Forellenfilets (siehe vorhergehendes Rezept) wie der sprichwörtliche Fisch im Wasser!

ZUTATEN

1 kleine Schalotte
2 EL Butter
40 g griffiges Mehl
etwas Gemüsesuppe
1/8 l Weißwein (vorzugsweise Riesling)
1/8 l Schlagobers
1 Dotter
Pfeffer, Salz

- Die Zwiebel fein hacken, in Butter anlaufen lassen, mit dem Mehl stauben und mit der Gemüsesuppe und dem Wein aufgießen. Kurz verkochen lassen, dann gründlich mit einem Stabmixer aufrühren.
- Vermengen Sie Schlagobers und Dotter und mischen Sie diese dann in die Weinsoße. Jetzt darf die Soße nicht mehr kochen! Mit Pfeffer und Salz abschmecken.

Fasanbrust im Speckmantel

Nicht nur im Ganzen gebraten ist der Fasan eine Delikatesse. Fasanbrust, kombiniert zum Beispiel mit Rotkraut und Erdäpfeln, ist ebenfalls eine Gaumenfreude.

ZUTATEN

4 Fasanbrüstchen
200 g geschnittener Frühstücksspeck
Salz, Pfeffer
Senf
Butterschmalz zum Braten

- Als ersten Schritt die Fasanbrüstchen mit Senf bestreichen, salzen und pfeffern. Jeweils 4 bis 5 Scheiben Speck überlappend auflegen und ein Fleischstück darin fest einwickeln.
- Die eingewickelten Fasanbrüstchen braten Sie in Butterschmalz, bis sie knusprig braun sind.
- Als Garnitur machen sich Äpfel gut: Entkernen, in Scheiben schneiden und in brauner Butter beidseitig braten. Zum Servieren mit etwas Preiselbeeren verschönern.

TIPP DER KÖCHIN: „Vom Rest des Fasans bereite ich eine delikate Fasansuppe zu. Die Vorgangsweise ist gleich wie bei der Ganslsuppe.“ (siehe Seite 165)

Rotkraut

Wildgerichte oder Gansl werden im Weinviertel meist mit Rotkraut serviert. Sie können es auch in einem Strudel verarbeiten. Das Rezept dazu finden Sie beim Weihnachtsmenü.

ZUTATEN

1 kg Rotkraut
2 EL Honig
Saft von 2 Zitronen
Saft von 1 Orange
3 EL Preiselbeeren
3 Äpfel
2 EL Schmalz
1 Zwiebel
1 Erdapfel
1/8 l Rotwein
1/8 l Suppe
5 Gewürznelken

- Das Kraut vierteln und nach Entfernung des Strunks in feine Streifen schneiden. Die eine Hälfte der Zwiebel fein gehackt gemeinsam mit dem Kraut im Schmalz anrösten. Die Äpfel schälen, fein reiben und dazugeben. Die zweite Hälfte der Zwiebel spicken Sie mit den Nelken, ehe sie ebenfalls in den Topf wandert.
- Nach und nach auch alle anderen Zutaten (mit Ausnahme des Erdapfels) beifügen. Mit Suppe und Rotwein aufgießen. Lassen Sie nun das Kraut rund 20 Minuten auf kleiner Flamme dünsten.
- Zum Schluss der Garzeit wird der geschälte Erdapfel über das Kraut gerieben. Noch einmal gut durchrühren und mit Salz abschmecken, dann kann serviert werden.

TIPP DER KÖCHIN: „Je mehr Essig oder andere Säureträger, etwa Äpfel, beim Kochen beigemengt werden, desto kräftiger wird die rote Farbe.“

Schupfnudeln

Als eine der beliebtesten Beilagen stehen Erdäpfelgerichte in der Weinviertler Küche ganz oben auf dem Speiseplan. Die Schupfnudel ist ein Beispiel von vielen.

ZUTATEN

500 g mehlige Erdäpfel
250 g griffiges Mehl
80 g Weizengrieß
50 g Butter
2 Eier, Salz
Butter zum Schwenken
Mehl zum Bestreuen

- Erdäpfel kochen, schälen und noch heiß durch die Erdäpfelpresse drücken. Alle Zutaten zu einem glatten Teig verarbeiten. Eine dicke Rolle formen, aus der man auf einem bemehlten Brett kleine Stücke abschneidet.
- Rollen Sie die Teigstücke zwischen den Handflächen zu dicken Nudeln. Drei Minuten Kochzeit in Salzwasser genügen, dann kann man sie abseihen und mit kaltem Wasser abschrecken.
- Zuletzt Butter in einer heißen Pfanne zerlassen und die Schupfnudeln darin schwenken, bis sich die Butter gut verteilt hat.

TIPP DER KÖCHIN: „Übrig gebliebene Schupfnudeln verwende ich gerne als Süßspeise. Einfach geriebene Nüsse oder Mohn mit Zimt und Zucker in einer Pfanne kurz anrösten und die gekochten Nudeln darin schwenken. Mit Staubzucker bestreuen und mit Apfelkompott servieren.“

Bild zu den Rezepten
auf der folgenden Doppelseite

Apfel-Zwiebel-Kompott

Passt ausgezeichnet zu Wild anstelle der Preiselbeeren. Auch mit Rindfleisch harmoniert es hervorragend.

ZUTATEN

250 g Zwiebeln
1 Apfel
100 g Zucker
50 g Butter
1/4 l Rotwein (z. B. Zweigelt)
Salz, Pfeffer
Zitrone, Thymian

- Butter und Zucker in einer heißen Pfanne karamellisieren lassen. Die Zwiebeln und den Apfel in kleine Würfel schneiden, zum Karamell geben und mitbraten. Mit dem Wein aufgießen und so lange kochen, bis eine dickflüssige Masse entsteht. Mit den Gewürzen verfeinern.

TIPP DER KÖCHIN: „Das Kompott kann man natürlich sofort genießen, es eignet sich aber auch prima als Vorrat. Dazu fülle ich es noch heiß in saubere Gläser, die ich sogleich verschließe.“

ROSTFREI

Willkommensstangerl

ZUTATEN

600 g Mehl
1 Würfel Germ
1 TL Zucker
1 TL Salz
1 TL geriebener Rosmarin
120 ml Rapsöl
150 ml lauwarmes Wasser
luftgetrockneter Schinkenspeck

- Für den Germteig alle Zutaten (ausgenommen den Speck) mit der Küchenmaschine so lange kneten, bis er glänzt und sich von der Schüssel löst. An einem warmen Ort auf das doppelte Volumen aufgehen lassen.
- Formen Sie nun Teigstangen, die Sie nochmals kurz aufgehen lassen, ehe diese 15 Minuten lang bei 180 °C gebacken werden. Es ist ratsam, die Stangerl nach der Hälfte der Zeit auf dem Backblech etwas zu schütteln.
- Nach Ende der Backzeit kurz abkühlen lassen. Zum Servieren umwickeln Sie die Stangerl mit den dünnen Speckscheiben.

Grammeldatschkerl

ZUTATEN

500 g glattes Mehl
300 g faschierte Grammeln
1/8 l Milch
1 Würfel Germ
1 EL Zucker
1 Ei
1 Dotter
1/8 l Sauerrahm
3 EL Weißwein
Salz
1 Ei zum Bestreichen
1 EL Kümmel zum Bestreuen

- Verarbeiten Sie alle Zutaten mit dem Knethaken in der Küchenmaschine zu einem Teig. Dieser muss ca. 30 Minuten an einem warmen Platz rasten.
- Danach den Teig auswalken und dreimal zusammenschlagen. Wieder warm rasten lassen – den Vorgang wiederholen Sie zwei- bis dreimal.
- Schließlich den Teig ca. 2 cm dick ausrollen und Scheiben ausstechen. Diese setzen Sie auf ein befettetes Blech und bestreichen sie mit Ei. Kümmelkörner zum Bestreuen machen sich dekorativ und sorgen für eine pikante Note. Bei ca. 180 °C 10 Minuten im Backrohr goldgelb werden lassen.

Häferlknödel

Ein flaumiges und „luftiges" kulinarisches Erlebnis, das Sie sich nicht entgehen lassen sollten.

ZUTATEN

8 Semmeln
250 g Butter
4 Eier
1/2 l Milch
Salz, Pfeffer, Muskatnuss

- Schneiden Sie die Semmeln zu kleinen Würfeln und übergießen Sie diese mit Milch. Dotter und Eiklar trennen. Butter und Dotter schaumig rühren. Aus dem Eiklar wird ein cremiger Schnee geschlagen, den Sie nun gemeinsam mit den Gewürzen und den eingeweichten Semmeln in die Butter-Dotter-Masse rühren.
- Den so entstandenen Knödelteig füllen Sie in gefettete, bemehlte Kaffeetassen. Wenn Sie einen Dampfgarer besitzen, können Sie die Knödel bei 100 °C ca. 15 Minuten garen.
- Sie können die Häferlknödel aber auch im Backrohr zubereiten: Stellen Sie die Tassen in eine mit Wasser gefüllte Auflaufform. Nach 20 Minuten bei 150 °C sind sie fertig zum Servieren.

TIPP DER KÖCHIN: „Die Knödel kann man entweder vor dem Essen aus dem Häferl stürzen oder gleich direkt aus dem Geschirr genießen. Ich serviere sie gerne gemeinsam mit Kürbisragout (siehe folgendes Rezept)."

Kürbisragout

Ein gutes Beispiel für die Vielseitigkeit der Kürbisse. Kommt sowohl als vegetarische Hauptspeise als auch als Beilage gut an.

ZUTATEN

500 g Kürbis (Butternuss, Muskat, Hokkaido)
1 Zwiebel
1 Knoblauchzehe
1/4 l Gemüsesuppe
1/4 l Schlagobers
Salz, Pfeffer
Öl
1 Schuss Apfelessig

- Kürbisse schälen und würfeln. Die gehackte Zwiebel in Öl anschwitzen und den gehackten Knoblauch beigeben. Mit Suppe und Obers aufgießen und einkochen lassen.
- Nun kommt der Kürbis in die Flüssigkeit. Dünsten Sie die Würfel so lange, bis sie bissfest sind. Mit Salz, Pfeffer und Essig abschmecken. Eventuell mit etwas griffigem Mehl stauben.

Nussweckerl

Ein schönes Erlebnis, wenn sich der Duft von selbst gebackenem Brot und Gebäck durch das Haus zieht und die ganze Familie anlockt. Nussweckerl kommen gewiss auch als Mitbringsel gut an.

ZUTATEN

400 g glattes Weizenmehl
250 g Roggenmehl
1 Würfel Germ
1 EL Zucker
3 EL Öl
1 EL Salz
1/4 l Buttermilch
200 ml lauwarmes Wasser
250 g gehackte Walnüsse

- Für den Germteig alle Zutaten mit der Küchenmaschine so lange kneten, bis er glänzt und sich von der Schüssel löst. An einem warmen Ort auf das doppelte Volumen aufgehen lassen.
- Formen Sie eine Rolle aus dem Teig, von der Sie ca. 3 cm dicke Scheiben abschneiden. Diese Schnitten in Wasser tauchen und anschließend in Mehl wälzen. Auf ein Backblech gesetzt, sollen die Teigstücke nochmals kurz aufgehen. Nach 15 bis 20 Minuten bei 180 bis 200 °C im Rohr ist das Gebäck fertig.

Schneeballen

Dieses trockene, keksartige Gebäck darf bei keinem Kirtag und bei keinem Fest fehlen. Der Name kommt von der Kugelform und dem ausgiebigen Zuckerbelag.

ZUTATEN

400 g glattes Mehl
250 g Butter
2 Dotter
1 Ei
3 EL Sauerrahm
1/16 l Weißwein
Salz
Fett zum Backen
Staubzucker und Vanillezucker zum Bestreuen

- Alle Zutaten zu einem glatten Teig verarbeiten und einige Zeit rasten lassen.
- Den Teig mit dem Nudelwalker ausrollen, sodass er ca. 3 mm dick ist. Mit dem Teigrad schneiden Sie quadratische Stücke aus. In diese radeln Sie im Abstand von ca. 1 cm parallel laufende Streifen, ohne ganz bis zum Rand durchzuschneiden. So entsteht ein Muster wie von senkrechten Gitterstäben.
- Die Teigflecken locker in eine Schneeballform legen, ins Fett tauchen und goldbraun backen. Dabei zu Beginn die Form langsam drehen. Noch warm mit dem Zuckergemisch bestreuen.

Nusskipferl

Ob als Kipferl geformt oder zu einem Strudel gerollt – immer ein g'schmackiger Bestandteil der Kaffee- bzw. Teejause.

ZUTATEN FÜR DEN TEIG

350 glattes Mehl
40 g Kristallzucker
2 Eier
1 Päckchen Germ
1/16 l Milch
250 g Butter
Salz, Zitronenschale
1 Ei zum Bestreichen

FÜR DIE FÜLLE

200 g Nüsse
150 g Zucker
1/4 l warme Milch
1 EL Honig
Zitronenschale, Zimt, Rum

- Für die Fülle die warme Milch mit den übrigen Zutaten vermengen, bis eine leicht formbare Masse entsteht.
- Die Zutaten für den Teig in der Rührschüssel mit dem Knethaken abschlagen, bis die Masse schön glatt ist. Den Teig mindestens zwei Stunden kühl rasten lassen.
- Für die Herstellung der Kipferl den Teig mit dem Nudelwalker ausrollen. Die Dicke sollte etwa 5 mm betragen.
- Den Teig mit dem Teigrad in Dreiecke schneiden. Auf jedes dieser Dreiecke setzen Sie nun etwas Nussfülle, rollen es ein und formen ein Kipferl. Mit Ei bestreichen, bei 180 °C ca. 20 Minuten backen.

TIPP DER KÖCHIN: „Noch frisch eingefroren, sind sie mir eine willkommene Reserve, um Überraschungsgäste bewirten zu können."

Mohnparfait mit Trockenfrüchtekompott

Eine süße Verführung, die sich in aller Ruhe vorbereiten lässt, noch ehe die Gäste eintreffen.

ZUTATEN

1 Ei
2 Dotter
6 EL Zucker
60 g gemahlener Mohn
2 EL Rum
1/4 l Schlagobers

FÜR DAS KOMPOTT

100 g Dörrzwetschken
100 g getrocknete Marillen
1 unbehandelte Orange
50 g Zucker
200 ml Wasser
Zimtrinde, Sternanis

- Für das Parfait rühren Sie Dotter und Zucker über Dampf schaumig, dann wieder kalt schlagen. Obers halbfest schlagen und gemeinsam mit Mohn und Rum unter die Dotter-Zucker-Masse rühren. In mehrere kleine Formen gießen und tiefkühlen.
- Die Trockenfrüchte in nicht zu kleine Stücke schneiden. Die Orange heiß waschen und die Schale mit einem Zestenreißer in dünne Streifen schneiden. Die Orangenschalenstreifen geben Sie in aufgekochtes Zuckerwasser, fügen die Trockenfrüchte und die Gewürze dazu und lassen alles nochmals kurz aufkochen. Abschließend vom Herd nehmen und zugedeckt auskühlen lassen.
- Stürzen Sie nun das Parfait aus den Formen und richten Sie es mit dem Kompott appetitlich an.

TIPP DER KÖCHIN: „Die Trockenfrüchte bestreue ich vor der Verarbeitung mit Staubzucker, dann kleben sie nicht und lassen sich leichter schneiden. Wichtig ist auch, dass das Parfait nicht tiefgekühlt serviert wird."

Scheiterhaufen

Eine ebenso geniale wie schmackhafte Form der Resteverwertung. Das Rezept funktioniert übrigens genauso gut mit altbackenen Semmeln oder trockenem Weißbrot.

ZUTATEN

1 großer Striezel (altbacken)

FÜR DIE EIERMILCH

1/2 l Milch
3 Eier
60 g Kristallzucker
1 Päckchen Vanillezucker
1 Prise Salz
Schale und Saft von 1 Zitrone
Rosinen nach Belieben

APFELMASSE

4 größere Äpfel
1 EL Kristallzucker
Zimt nach Geschmack
100 g Butterflocken

- Striezel blättrig schneiden und in eine Schüssel geben. Milch mit den Eiern versprudeln, mit Zucker, Vanillezucker, Salz, Zitrone und Rosinen vermengen und über die Striezelschnitten gießen, sodass diese bedeckt sind. Anschließend ca. 15 Minuten ziehen lassen. Backrohr auf 180 °C vorheizen.
- Die Äpfel schälen und dünnblättrig schneiden. Eine Auflaufform mit Butter ausschmieren. Füllen Sie zuerst die halbe Striezelmasse ein, legen Sie dann eine Schicht Äpfel darauf, über die Sie Zucker und Zimt streuen. Mit der zweiten Hälfte der Striezelmasse die Form auffüllen und mit Butterflocken bestreuen.
- Den Scheiterhaufen ca. 35 Minuten bei 180 °C im Rohr backen. Mit Staubzucker bestreuen und servieren.
- Als fruchtige Ergänzung bietet sich Apfelkompott an. Dazu 1 kg geschälte und entkernte Äpfel in 1/2 Liter Zuckerwasser mit Zimtrinde, 4 Gewürznelken und Zitronensaft bissfest kochen.

TIPP DER KÖCHIN: „Oft wird der Scheiterhaufen mit einer Schneehaube serviert. Dazu 4 Eiklar mit 2 EL Kristallzucker aufschlagen und am Ende der Backzeit über den Auflauf gießen. Mit starker Oberhitze backen, bis der Schnee Farbe annimmt."

Leberpastete

Ohne Geschmacksverstärker und künstliche Aromen: Machen Sie Leberpastete doch einfach selbst! Nicht nur für eine gute Jause, sondern auch als ein ideales Gastgeschenk.

ZUTATEN

1 kg Leber
1 kg Speck
3 Knoblauchzehen
2 Zwiebeln
50 g Erdäpfelmehl
20 g Zucker
3 g weißer Pfeffer
20 g Salz
1 Prise Muskatnuss

● Die Leber und den Speck mit den Zwiebeln und dem Knoblauch faschieren. Die Masse mit den übrigen Zutaten vermengen und in saubere Einmachgläser abfüllen und verschließen. Achten Sie darauf, dass in den Gläsern etwa ein Drittel frei bleibt. Im Dampfgarer bei 100 °C oder im Backrohr bei 120 °C etwa eineinhalb Stunden sterilisieren. Falls Sie die Variante im Backrohr wählen, stellen Sie die Gläser auf ein mit Wasser gefülltes tiefes Backblech. Die Gläser im Rohr auskühlen lassen und anschließend kühl und dunkel aufbewahren. Die Leberpastete hält sicher vier bis fünf Monate.

TIPP DER KÖCHIN: „Verfeinern Sie den Geschmack, indem Sie vor dem Befüllen der Gläser klein gehackte Früchte wie Preiselbeeren, Birnen oder getrocknete Marillen unter die Pastete mengen. Sie werden begeistert sein."

Apfelbrot

Es handelt sich dabei um ein süßes Brot mit fester Konsistenz, das lang haltbar ist. Es ist vergleichbar mit dem Kletzenbrot, das im Advent gebacken wird.

ZUTATEN

1 kg Äpfel
500 g Mehl
1 Päckchen Backpulver
250 g Zucker
250 g Feigen
150 g Nüsse
2 EL Kakao
1/16 l Rum
Zimt, gemahlene Gewürznelken, Neugewürz

- Zerkleinern Sie Feigen und Nüsse und vermischen Sie diese mit Kakao und Rum. Längere Zeit ziehen lassen, am besten über Nacht.
- Die Äpfel raspeln und mit je einer Prise der Gewürze versetzen. Zucker dazufügen. Zuletzt alle Zutaten mit dem Mehl und dem Backpulver vermengen.
- Formen Sie mit bemehlten Händen einen Wecken und backen Sie diesen ca. 50 Minuten bei 180 °C. Das Apfelbrot entfaltet seinen Geschmack am besten, wenn man es dünn aufschneidet.

TIPP DER KÖCHIN: „In dünne Scheiben geschnitten und im Rohr knusprig gebäht, ist es auch eine raffinierte Einlage für die Veltlinersuppe in meinem Weihnachtsmenü.“

Quittenzuckerl

Quitten sind noch in vielen bäuerlichen Gärten zu finden, ihr Geschmack ist süß-säuerlich, das Aroma intensiv.

ZUTATEN

700 g Quitten
500 g Zucker

- Quitten waschen und trocken reiben, Blüten und Stängel wegschneiden. Die Früchte würfelig schneiden und in 3/4 l Wasser zugedeckt ca. 40 Minuten kochen lassen.
- Danach die Quitten in einem Tuch oder einem feinen Sieb abtropfen lassen. Nun müssen Sie die Kerngehäuse entfernen und das Fruchtfleisch pürieren.
- Das Quittenmus sollte jetzt etwa 500 g wiegen. Mit der gleichen Menge Zucker in einen Topf geben und 60 Minuten einkochen. Dabei ständig mit dem Kochlöffel umrühren, bis eine zähe Masse entstanden ist.
- Streichen Sie die Quittenmasse auf ein mit Backpapier ausgelegtes Blech. Veranschlagen Sie drei Stunden für das Trocknen im Rohr. Die Temperatur sollte 100 °C betragen.
- Die fertige Quittenmasse auskühlen lassen und in Rechtecke schneiden. Wer möchte, kann die Würfel vor dem Genuss noch in Kristallzucker wälzen.

TIPP DER KÖCHIN: „Bei mir daheim verwende ich die aromatischen Quitten als natürliche Duftspender in der ganzen Wohnung."

Nusslikör

Ende Juni ist der beste Erntezeitpunkt für die grünen Nüsse, denn da sind sie innen noch weich und der Kern ist noch nicht reif.

ZUTATEN

10 Stück grüne Nüsse
250 g Zucker
1/2 l Weingeist
1/2 l Wasser
Nussgeistgewürz (Zimtrinde, Nelken)

- Die Nüsse schneiden und mit Weingeist und Gewürzen in eine Glasflasche füllen. Dabei sollten sie völlig mit Flüssigkeit bedeckt sein.
- Lassen Sie den Ansatz in der zugestöpselten Flasche vier bis fünf Wochen an einem sonnigen Platz stehen. Zwischendurch öfter schütteln. Nach dieser Frist seihen Sie die Nusslösung ab.
- Den Zucker in einem halben Liter Wasser aufkochen, bis er sich ganz aufgelöst hat. Sobald das Zuckerwasser erkaltet ist, beide Flüssigkeiten zusammengießen und in dekorative Flaschen füllen.

TIPP DER KÖCHIN: „Zum Schneiden der Nüsse verwende ich immer Einweghandschuhe. So erspare ich mir den Ärger über schwarze Finger."

euch Gott

Weihnachtsmenü

Wie wär's mit einem wirklich opulenten Mahl für die ganze Familie? Das christliche Weihnachtsfest bietet sich dafür als Anlass ideal an. In vielen Weinviertler Familien wird am Heiligen Abend oder am Christtag groß aufgekocht, und häufig kommt nach alter Tradition Geflügel auf den Tisch. Wir haben für Sie ein Weihnachtsmenü rund um ein Gansl zusammengestellt, das die Vielfalt der Region auf genussvolle Weise bündelt und Ihnen und Ihren Gästen einen unvergesslichen Abend beschert.

Den Auftakt zum Menü bildet eine Veltlinersuppe mit Brotsternen. Der Hauptgang, das gefüllte Gansl, wird von einer bunten Palette an Zuspeisen begleitet: Bratäpfel, Rotweinbirnen, Erdäpfelknödel, Rotkrautstrudel und Kipflersalat.
Ein Dessert darf natürlich nicht fehlen. Dem Anlass entsprechend sind das Weihnachtskekse – gleich 13 Sorten gibt es zu kosten. Bleibt nur noch zu sagen: „Guten Appetit!"

Anmerkung: Je nach Größe der Gans werden von diesem Menü auch sechs bis acht Personen satt.

Veltlinersuppe mit Brotsternen

ZUTATEN

1/4 l Grüner Veltliner
1 l Rinds- oder Gemüsesuppe
1 Zimtstange
5 Gewürznelken
1/2 l Schlagobers
3 Eidotter
1 Scheibe entrindetes Weißbrot
Salz, Pfeffer
Muskatnuss
4 Scheiben Toastbrot

- Wein, Weißbrotscheibe, Zimt und Nelken aufkochen lassen und bei kleiner Hitze etwa 10 Minuten köcheln lassen. Dann fischen Sie Nelken und Zimtstange heraus und gießen mit Suppe und 1/4 l Schlagobers auf. Nach weiteren 10 Minuten Kochzeit mit dem Pürierstab kräftig aufmixen. Würzen.
- Das restliche Schlagobers mit den Dottern verrühren, den Kochtopf von der heißen Herdplatte nehmen und das Obers-Dotter-Gemisch mit einer Schneerute einrühren, bis eine sämige Suppe entsteht. Jetzt darf die Flüssigkeit nicht mehr kochen!
- Die Einlage passt sich im Aussehen dem Weihnachtsfest an: Mit einer kleinen Keksform aus dem Toastbrot Sterne ausstechen und diese bei ca. 180 °C im Backrohr toasten, bis sie goldgelb sind.
- Die Sterne in die Teller geben und die dampfend heiße Suppe darübergießen.

TIPP DER KÖCHIN: „Gerät mir die Suppe zu dünn, dann dicke ich sie vor dem Einrühren von Dotter und Obers mit Maisstärke ein. Dazu wird Maisstärkepulver (Maizena) mit kaltem Wasser angerührt und der kochenden Suppe beigemengt."

Weihnachtsgans mit Maroni-Zwetschken-Apfel-Fülle

ZUTATEN

1 junge Gans (ca. 3,5 kg)
Salz, Pfeffer

FÜR DIE FÜLLE

3 Scheiben Toastbrot
1 EL Schmalz
1 Zwiebel
10 Maroni, 5 Dörrzwetschken, 2 Äpfel
Eier, Milch
Salz, Pfeffer, Majoran, Muskatnuss

- Nehmen Sie die Gans aus. Von den Innereien stellen Sie die Leber für die Fülle beiseite und schneiden sie klein.
- Machen Sie sich zunächst an die Zubereitung der Fülle: Die Maroni auf der gewölbten Seite kreuzförmig einschneiden, auf ein Blech legen und im Rohr bei 180 °C rund 15 Minuten braten. Abschließend schälen und zerkleinern.
- Toastbrot in Würfel schneiden und mit den Eiern und ein wenig Milch vermengen. Äpfel schälen, entkernen und mit den Dörrzwetschken kleinwürfelig schneiden. Zwiebel schälen und hacken.
- In heißem Schmalz wird nun die Leber mit Zwiebel und Majoran angeschwitzt. Als Nächstes geben Sie die gewürfelten Äpfel und Dörrzwetschken dazu. Gut durchrühren, ehe Sie das Leber-Zwiebel-Gemisch mit dem gewürfelten Toastbrot und den Maroni vermischen. Mit Salz, Pfeffer und geriebener Muskatnuss gewürzt, ist die Fülle nun fertig und sollte kurz rasten.
- Wenden Sie sich nun wieder dem Geflügel zu. Die Gans wird geputzt, das heißt von allen Federresten befreit. Flügerl und Hals werden abgetrennt und grob zu Gänseklein gehackt. Die Gans verträgt innen und außen eine kräftige Portion Salz und Pfeffer.
- Nun füllen Sie die fertige Semmelmasse in die ausgenommene Gans. Die Öffnung am besten mit Hilfe eines Zahnstochers oder einer starken Nadel verschließen, damit die Fülle nicht austritt.
- Gänseklein in Schmalz anrösten. Gans in die Pfanne setzen und im vorgeheizten Rohr bei 200 °C rund 2 Stunden braten. Zwischendurch immer wieder mit eigenem Saft übergießen.

Bratäpfel mit Marzipan

ZUTATEN

6 Äpfel
50 g gehackte Nüsse
1 Eiklar
100 g Marzipan
30 g Rosinen

- Zuerst befreien Sie die Äpfel vom Kerngehäuse. Am besten mit einem Apfelbohrer bis knapp zum Boden ausstechen. Aus Marzipan, Eiklar, Nüssen und Rosinen eine süße Masse mischen und in die Äpfel füllen. Die Äpfel rund 20 Minuten zur Gans ins Rohr stellen und gemeinsam braten.

Rotkrautstrudel

ZUTATEN FÜR DEN TEIG

200 g glattes Mehl
1 Päckchen Backpulver
1 Dotter
1 EL weiche Butter
3 EL Sauerrahm

FÜR DIE FÜLLE

500 g Rotkraut
2 Äpfel
1 Zitrone
1 Orange
1 EL Schmalz
1 kleine Zwiebel
1 EL Honig
2 EL Preiselbeeren
1/8 l Rotwein
Zimt, Nelkenpulver

- Rotkraut teilen, die äußeren Blätter und den Strunk entfernen. Das Kraut in feine Streifen schneiden und mit den fein geriebenen Äpfeln sowie dem Zitronen- und Orangensaft vermengen. Verrühren Sie Rotwein, Honig und Preiselbeeren. Gemeinsam mit Zimt und Nelkenpulver unters Kraut mischen.
- Die geschälte und gehackte Zwiebel wird in Fett angeschwitzt. Kraut dazugeben, mit Salz und Pfeffer würzen und weich dünsten.
- In einem Sieb lassen Sie das Rotkraut abtropfen, ehe Sie es mittig auf die vorbereiteten Strudelblätter platzieren. Die Teigenden über die Fülle schlagen und den Strudel mit der Naht nach unten auf ein mit Backpapier ausgelegtes Blech schieben. Mit Ei bestreichen, damit der Teig eine goldbraune Kruste bekommt. Im vorgeheizten Rohr braucht der Strudel bei 170 °C ca. 20 Minuten, ehe er servierfertig ist.
- Für die Hülle verarbeiten Sie alle Zutaten zu einem geschmeidigen Teig, den Sie kurz rasten lassen. Den Teig nun ausrollen und die Kürbisfülle auf zwei Drittel der Fläche verteilen. Den Teig wieder zusammenschlagen und den Strudel 35 Minuten bei ca. 180 °C im Rohr backen.
- Hinweis: Aus Gründen der Zeitersparnis können Sie natürlich auch zu fertigem Strudel- oder Blätterteig greifen.

Rotweinbirnen

ZUTATEN

4 Birnen
1/2 l Rotwein
3 EL Zucker
1 Zimtrinde, 4 Gewürznelken
Schale von 1 Zitrone
Vanille

- Rotwein in einen Topf gießen und mit den Gewürzen aromatisieren. Die geschälten Birnen legen Sie in den Rotweinsud ein. Lassen Sie diesen kurz aufkochen und anschließend noch schwach vor sich hin köcheln – 5 bis 10 Minuten, abhängig von der Birnengröße.
- Je länger die Früchte danach noch im Sud ziehen, umso mehr Geschmack nehmen sie an. Sie schmecken sowohl warm als auch kalt vorzüglich.

Erdäpfelknödel

ZUTATEN

500 g mehlige Erdäpfel
125 g Erdäpfelmehl
2 EL Grieß
Salz

- Für die Knödel Erdäpfel mit Schale in Salzwasser weich kochen, abseihen, ausdampfen lassen. Dann schälen und noch warm pressen.
- Sofort mit dem Erdäpfelmehl, dem Grieß und dem Salz vermengen. Formen Sie eine Teigwurst, von der Sie gleich große Stücke abschneiden und zu kleinen Knödeln rollen.
- Reichlich Salzwasser aufkochen, die Knödel einlegen und bei kleiner Hitze ca. 10 Minuten kochen.

TIPP DER KÖCHIN: „Erdäpfelknödel lassen sich auch wunderbar auf Vorrat zubereiten. Die Knödel fertig kochen, einfrieren – und in gefrorenem Zustand wieder ins kochende Salzwasser geben. Sie sind fertig, wenn sie aufschwimmen."

Kipflersalat

ZUTATEN

1 kg Kipfler-Erdäpfel
2 rote Zwiebeln
1/4 l Rindssuppe
1/8 l Kräuteressig
2 EL Kristallzucker
1 EL Senf
Rapsöl
Salz, Pfeffer

- Die Kipfler werden bissfest gekocht, die Zwiebeln in kleine Würfel geschnitten.
- Während Sie die Suppe aufwärmen, können Sie die gekochten und leicht ausgekühlten Erdäpfel schälen, in Scheiben schneiden und in eine Schüssel geben.
- Die noch warmen Kipfler werden mit der ebenfalls warmen Suppe übergossen. Den Senf vorsichtig unterheben. Mit einer Marinade aus Öl, Essig, Salz, Pfeffer und gegebenenfalls Zucker mundet der Salat wunderbar zum Gansl.

Weihnachtsbäckerei

Weihnachtsnussbrot

ZUTATEN

280 g Dinkelvollkornmehl
100 g Zucker
3 Eier
2 EL Honig
etwas Lebkuchengewürz
1 TL Backpulver
150 g Trockenfrüchte
100 g Nüsse
Roggenmehl zum Ausarbeiten

- Eier mit Zucker schaumig rühren und die anderen Zutaten dazumengen. Den Teig formen Sie zu einer nicht zu dicken Rolle, die Sie fest in Roggenmehl wälzen.
- Auf ein mit Backtrennpapier belegtes Backblech legen und bei 180 °C ca. 20 Minuten backen. Noch warm in Scheiben schneiden.

TIPP DER KÖCHIN: „Zum Ausarbeiten des Teiges empfehle ich die Verwendung von Einweghandschuhen – äußerst ratsam bei allen Teigen, die sehr stark an den Fingern kleben, z. B. allen weichen Germteigen!"

Weinstangerl

ZUTATEN

250 g kalte Butter
250 g Mehl
2 Dotter
2 EL Wein
1 Prise Salz, 1 Msp. Backpulver

GLASUR

2 Eiklar
250 g Staubzucker

- Alle Zutaten für die Stangerl verkneten, den Teig messerdick ausrollen. Für die Glasur das Eiklar und den Staubzucker gut abrühren (dick und weiß) und auf den Teig streichen. Stangerl mit einem Teigrad portionieren und im Rohr bei 160 °C ca. 10 Minuten backen.

Gefüllter Lebkuchen

ZUTATEN FÜR DEN TEIG

300 g Roggenmehl
180 g Staubzucker
1 Päckchen Lebkuchengewürz
10 g Natron
Schale einer halben Zitrone
Schale einer halben Orange
2 EL Honig
2 Eier
Ei zum Bestreichen

FÜR DIE FÜLLE

150 g Ribiselmarmelade
60 g gehackte Nüsse
200 g faschierte Trockenfrüchte
1 Schuss Rum
1 Prise Lebkuchengewürz

- Aus den Zutaten einen Teig kneten, den Sie über Nacht bei Zimmertemperatur rasten lassen. Für die Fülle einfach alle Ingredienzien vermengen.
- Lebkuchenteig zu einem Rechteck auswalken und der Länge nach halbieren. Eine Hälfte auf ein eingefettetes und bemehltes Backblech legen. Fülle aufstreichen, mit der zweiten Teighälfte zudecken.
- Bestreichen Sie den Teig mit verquirltem Ei. Mit einer Gabel in gleichmäßigen Abständen einstechen. Im vorgeheizten Rohr bei ca. 170 °C hellbraun backen. Das nimmt ca. 15 Minuten in Anspruch. Erst auskühlen lassen, dann in mundgerechte Stücke schneiden.

Nussblumen

ZUTATEN

200 g Butter
250 g Mehl
100 g Nüsse
60 g Staubzucker
1 Päckchen Vanillezucker
etwas geriebene Orangenschale
1 Schuss Rum
Schoko-Nuss-Creme zum Zusammensetzen
Schokoladenglasur

● Alle Zutaten zu einem glatten Teig verarbeiten. Ca. 2 mm dick ausrollen und mit einem Keksausstecher Blumen ausstechen. Im vorgeheizten Rohr bei ca. 180 °C goldgelb backen. Lassen Sie die Kekse auskühlen. Setzen Sie jeweils zwei mit Schokocreme (z. B. Nutella) zusammen. In Schokoglasur tunken, trocknen lassen und z. B. mit einer Eiweißglasur ein hübsches Muster aufspritzen.

Spritzbäckerei

ZUTATEN

500 g Butter
350 g Staubzucker
1 Päckchen Vanillezucker
3 Eier
800 g glattes Mehl
Marmelade
Schokoglasur

● Butter mit Eiern und Zucker flaumig rühren und die restlichen Zutaten untermengen. Mit einem Spritzsack kleine Tatzen auf ein mit Backpapier belegtes Blech spritzen und bei 180 °C goldgelb backen. Auskühlen lassen, je zwei Tatzen mit Marmelade zusammensetzen und mit einer Seite in Schokoglasur tunken.

Kaffeekrapferl

ZUTATEN FÜR DEN TEIG

250 g Mehl
120 g Butter
100 g geriebene Nüsse
2 Dotter
18 g Staubzucker
1 EL Rum
1 TL geriebener Kaffee

KAFFEECREME

50 g Butter
80 g Zucker
1 Päckchen Vanillezucker
50 g geriebene Nüsse
1 EL Kaffee
1 Msp. geriebener Kaffee

KAFFEEGLASUR

100 g Staubzucker
Kaffee nach Bedarf

● Aus den Zutaten einen Mürbteig bereiten und etwa eine halbe Stunde kühl rasten lassen. Den Teig ca. 2 bis 3 mm ausrollen und beliebige Formen ausstechen. Im vorgeheizten Rohr backen und erkalten lassen. Für die Fülle alle Zutaten schaumig rühren und jeweils zwei Kekse mit der Kaffeecreme zusammensetzen. Für die Kaffeeglasur Staubzucker sieben und mit Kaffee zu einem dicken Brei rühren.

Brabanterkekse

ZUTATEN FÜR DEN TEIG

160 g Butter
80 g Staubzucker
200 g Mehl
80 g Walnüsse
Ribiselmarmelade

SCHOKOGLASUR

200 g Kochschokolade
180 g Butter
Walnusshälften

- Die Zutaten rasch zu einem Teig kneten und kurz kühl rasten lassen. Walken Sie den Teig ca. 3 mm dick aus und stechen Sie mit einer Keksform Herzen aus. Bei ca. 180 °C hellbraun backen und mit Ribiselmarmelade füllen. Die Hälfte der Kekse in Schokoglasur tauchen.

Kürbiskekse

ZUTATEN

160 g Butter
200 g glattes Mehl
1 Msp. Backpulver
80 g Staubzucker
1 Päckchen Vanillezucker
80 g geriebene Kürbiskerne
ein paar Tropfen Kürbiskernöl
Ribiselmarmelade zum Füllen
Schokoglasur zum Tunken

- Alle Zutaten rasch zu einem Teig verarbeiten. Kurz kühl rasten lassen und danach ca. 3 mm dick mit dem Nudelwalker ausrollen. Krapferl ausstechen und bei ca. 170 °C backen.
- Nach dem Erkalten je zwei Kekse mit Ribiselmarmelade zusammensetzen. Zum Abschluss die Krapferl zur Hälfte in Schokoglasur tunken.

Eisenbahner

ZUTATEN

300 g Mehl
200 g Butter
100 g Staubzucker
1 Ei
1 Päckchen Vanillezucker

SPRITZMASSE

180 g Rohmarzipan
1 Eiklar
Ribiselmarmelade

- Die Zutaten des Mürbteigs schnell kneten und kurz kühl rasten lassen. In der Wartezeit können Sie das Marzipan samt dem Eiklar mit dem Stabmixer pürieren. Mürbteig zu einem Rechteck auswalken und auf ein mit Backpapier ausgelegtes Blech geben. In 4 cm breite Streifen schneiden und bei 180 °C hell anbacken.
- Anschließend die Makronenmasse mit einer Sterntülle in Streifen am Rand der länglichen Teigrechtecke (wie Eisenbahnschienen) aufbringen und bei 160 °C backen, bis die aufgespritzte Masse Farbe bekommt. Die Streifen kurz abkühlen lassen und in den Freiraum zwischen den Makronenstreifen kochende Ribiselmarmelade füllen. Antrocknen lassen und in Stücke schneiden.

Vanillekipferl

ZUTATEN

270 g Mehl
200 g Butter
100 g geriebene Nüsse
60 g Staubzucker
1 Päckchen Vanillezucker
Staubzucker, Vanillezucker zum Wälzen

- Die Zutaten rasch zu einem Teig kneten und kurz kühl rasten lassen. Den Teig zu etwa 2 bis 3 cm dicken Rollen formen. Schneiden Sie kleine Stücke ab und formen Sie Kipferl daraus.
- Bei ca. 180 °C backen. Noch heiß in einem Gemisch aus Staub- und Vanillezucker wälzen.

TIPP DER KÖCHIN: „Wenn Sie gleich die doppelte Menge machen, können Sie aus einem Teil der Kipferl ein Parfait zaubern.
Das Rezept dazu finden Sie auf Seite 59.“

Orangenbusserl

ZUTATEN

140 g weiche Butter
150 g glattes Mehl
120 g Staubzucker
2 Eidotter, 1 Ei
1 Päckchen Vanillezucker
geriebene Orangenschale
Orangenmarmelade oder Marillenmarmelade mit geriebener Orangenschale

- Butter, Zucker, Ei und Dotter nach und nach zu einer cremigen Masse rühren und Geschmackszutaten miteinander vermischen (nicht zu lange). Das Mehl einstreuen. Die Masse in einen Dressiersack mit glatter Austrittsöffnung füllen und kleine Krapferl auf das Blech spritzen. Diese bei 170 °C mit leicht geöffneter Backofentür ca. 10 Minuten backen. Ausgekühlt je zwei Krapferl mit der Marmelade zusammensetzen.

Florentiner

ZUTATEN

250 g Butter
350 g glattes Mehl
1 Päckchen Backpulver
120 g Staubzucker
1 Ei
geriebene Schale von 1 Zitrone

BELAG

200 g Staubzucker
100 g Butter
1/4 l Schlagobers
150 g Honig
320 g Mandelblättchen
100 g klein geschnittene Aranzini

- Aus den Zutaten einen Mürbteig herstellen und kurz kühl rasten lassen. Der Belag wird vorbereitet, indem man Zucker, Schlagobers, Honig und Butter zum Kochen bringt. So lange kochen, bis die Masse hellgelb ist. Mandelblätter und kleinwürfelig geschnittene Aranzini unterrühren und auskühlen lassen.
- Den Teig auf einem mit Backpapier belegten Backblech ausrollen, einstechen, ausgekühlten Belag auf dem Mürbteig verteilen und im vorgeheizten Rohr bei 180 °C ca. 10 bis 15 Minuten backen. Noch warm in Streifen schneiden.

Mürbe Törtchen

ZUTATEN FÜR DEN TEIG

340 g Mehl
340 g Butter
140 g Staubzucker
120 g geriebene Nüsse
1 Prise Zimt

FÜR DIE SCHOKOLADENCREME

250 g Butter
200 g Kochschokolade

- Kneten Sie die Zutaten für den Keksteig und lassen Sie ihn kurz kühl rasten. Den Teig 2 mm dick auswalken, Kekse in beliebiger Form ausstechen und im vorgeheizten Rohr bei 180 °C goldgelb backen.
- Die Schokocreme stellen Sie her, indem Sie Butter und Schokolade erwärmen, verrühren und dann auskühlen lassen. Die kalte Creme aufschlagen, wodurch sie ganz hell wird, und als Bindemittel für jeweils zwei Kekse verwenden. Eine Seite wahlweise noch mit einer Schokoglasur bestreichen.

Stichwort WEIHNACHTSDÜFTE

Wer könnte sich die Adventzeit ohne die besonderen Weihnachtsdüfte vorstellen? Wenn es nach Tannenreisig, Kerzen, Zimt und Gewürznelken duftet, werden so manche Kindheitserinnerungen wieder wach. In vielen Wohnungen werden zu Weihnachten Duftorangen aufgehängt. Dazu knüpft man zuerst ein Stoffband um die Orange. Dann drückt man Gewürznelken in die Schale und steckt damit ein Muster oder Reihen. Man kann das Muster auch mit einem spitzen Messer in die Orangenschale ritzen und dann die Gewürznelken hineinstecken.

Aus der Erinnerungstruhe
von Elisabeth Schöffl-Pöll

TIPPS DER KÖCHIN: „Wenn Sie bei der Weihnachtsbäckerei die folgenden nützlichen Tipps beachten, werden die Kekse sicher gelingen:

- Zum Backen Rohmarzipan verwenden, dieses enthält weniger Zucker. Damit das Marzipan nicht klumpt, zerkleinere ich es mit dem Pürierstab.
- Beim Mürbteig sollten Sie nicht zu kalt arbeiten. Das heißt, Sie können die Butter ohne weiteres schon 1 bis 2 Stunden vorher aus dem Kühlschrank nehmen.
- Gerinnt ein Butter-Ei-Gemisch, kurz mit dem Haarföhn erwärmen.
- Schokolade zum Verzieren lässt sich am besten mit dem Haarföhn weich machen.
- Rosa oder weiße Kuvertüre zum Schmelzen am besten bei 50 °C ins Backrohr schieben.
- Teige zum Rasten immer in Frischhaltefolie wickeln, damit sie nicht austrocknen.
- Wird ein Mürbteig brüchig, versuche ich ihn durch Zugabe eines Eidotters zu retten.
- Ist ein Teig sehr klebrig, dann verwendet man am besten Einweghandschuhe zum Arbeiten. Das verhindert, dass der Teig zwischen den Fingern kleben bleibt.
- Übrig gebliebene Kekse kann man wiederverwerten. Zum Beispiel reiben und als Brösel in den Apfelstrudel geben.
- Trockenfrüchte lassen sich besser hacken, wenn man sie mit etwas griffigem Mehl vermengt.
- Nüsse zum Zerkleinern in ein Tuch einschlagen und mit einem harten Gegenstand, beispielsweise einem Nudelwalker, fest daraufklopfen. Das ergibt gleichmäßig groß gehackte Nussstücke.
- Lebkuchen aus dem Rohr nehmen, solange er noch weich ist. Bei zu langer Backzeit wird er hart."

Rechte Seite von links nach rechts:
Weinstangerl, Brabanterkekse, gefüllter Lebkuchen, Nussblumen, Spritzbäckerei, Kaffeekrapferl, Vanillekipferl, Kürbiskekse, Eisenbahner, Mürbe Törtchen, Orangenbusserl, Florentiner

Brandlhof

Die stimmungsvollen Aufnahmen für unser Weihnachtsmenü sind im Brandlhof in Radlbrunn entstanden. Die Gaststube dieses 800 Jahre alten Weinviertler Kulturjuwels bot den idealen Rahmen für das festliche Mahl.

Erstmals wurde der Brandlhof 1209 urkundlich erwähnt. Einst gehörte er zu den Besitzungen des Stifts Lilienfeld. Ab dem 18. Jahrhundert war die namengebende Familie Brandl in diesem Gebäude ansässig. Der Hof ist ein wertvolles Denkmal typischer Weinviertler Baukultur. Im Zuge der Landesausstellung 2005 wurde der Brandlhof behutsam revitalisiert, heute dient er als regionales Zentrum für Volkskultur, in dem sich Musik, Handwerk und Alltagskultur präsentieren können. Das ganze Jahr über geben zahlreiche Veranstaltungen Zeugnis vom lebendigen kulturellen Geschehen in der Region. Eine Ausstellung zur Geschichte des Hauses, ein Geschäft mit regionalen Produkten und ein Wirtshaus ergänzen das Angebot dieser Institution, die sich als Brücke zwischen Vergangenheit und Gegenwart versteht.

Danksagung

Das Autorenteam bedankt sich herzlich bei Frau Mag. Eva Zeindl (Volkskultur Niederösterreich) und dem Team des Brandlhofs für die Gastfreundschaft und die wertvolle organisatorische Unterstützung. Dank auch an Frau Inge Weilner sowie an Michaela und Andreas Pröll mit ihren Kindern Lorenz und Antonia.

Großer Dank gebührt an dieser Stelle auch der bekannten Autorin und Mundartdichterin Elisabeth Schöffl-Pöll. Sie hat vielerlei Amüsantes und Wissenswertes rund ums Essen im Weinviertel zusammengetragen. Für dieses Buch hat sie ihre Erinnerungstruhe geöffnet, ihre Beiträge finden sich als zusätzliche Würze eingestreut zwischen den Rezepten.

Nähere Informationen bzw. Kontakt:

www.volkskulturnoe.at
brandlhof@volkskulturnoe.at
schoeffl.dichtermuehle@aon.at

Glossar

Blunzen · Blutwurst
Brösel, Semmelbrösel · Paniermehl
Bröseltopfen · gepresster Topfen, Topfen mit geringem Wassergehalt
Brotsimperl · geflochtener Brotkorb
Dalken · Liwanzen
Eierschwammerl · Pfifferlinge
Einbrenn · Mehlschwitze
Erdäpfel · Kartoffeln
Faschiertes · Hackfleisch
Fisolen · Stangenbohnen, regional auch weiße Bohnen
Fleckerl · kleine Nudelblättchen
Gelatine · Geliermittel
Germ · Hefe
Geselchtes · Selchfleisch, Kasseler
Grammeln · Grieben
Gugelhupf · Napfkuchen
Häferl · Tasse
Heurige · Frühkartoffeln
Holler · Holunder
Karotten · Möhren, Mohrrüben
Kekse · Plätzchen
Kipferl · Hörnchen, Beugerl
Kipfler · festkochende Erdäpfelsorte
Knödel · Kloß
Kraut · Weißkohl
Krauthäuptl · Krautkopf
Kren · Meerrettich
Makronen · Mandeltörtchen
Marille · Aprikose
Marmelade · Konfitüre
Maroni · Edelkastanien
Nockerl · kleine Klöße, Spätzle
Nudelwalker · Nudelholz, Rollholz
Obers · Sahne
Österzola · Schimmelkäse nach Gorgonzola-Art
Panier · Panade
Paradeiser · Tomate
Parfait · Halbgefrorenes
Polenta · Maisgrieß
Preiselbeeren · Moosbeeren
Ribisel · Johannisbeeren
Rindssuppe · Fleischbrühe
Rosinen · Weinbeeren
Rote Rüben · Rote Bete
Sauerrahm · saure Sahne
Schlagobers · Schlagsahne
Schmalz · ausgelassenes Fett vom Schwein
Schneebesen · Werkzeug zum Schneeschlagen
Schöberl · Suppeneinlage aus Biskuitteig
Semmel · Brötchen
Soße · Sauce, Tunke
Staubzucker · Puderzucker
Sterz · dicker Brei
Striezel · längliches, oft geflochtenes Gebäck
Sturm · Federweißer
Topfen · Quark
Vogerlsalat · Feldsalat
Weckerl · kleines, längliches Gebäck
Wurzelwerk · Suppengemüse
Zesten · dünne Streifen von Zitronenschalen
Zwetschke · Zwetsche (pflaumenähnliche Frucht)

Abkürzungen und Maßeinheiten

EL = Esslöffel
TL = Teelöffel
KL = Kaffeelöffel
Msp. = Messerspitze

kg = Kilogramm
g = Gramm
l = Liter
ml = Milliliter

Rezeptregister

Lust

Das Autorenteam

Elisabeth Lust-Sauberer
Andreas König
René van Bakel
(von rechts nach links)

Impressum

ISBN 978-3-85431-621-3

Bücher aus der Verlagsgruppe Styria
sind erhältlich in jeder Buchhandlung
und im Online-Shop.
styriabooks.at

Lektorat: Josef Weilguni
Cover- & Buchgestaltung: Bruno Wegscheider
Fotos: René van Bakel

Reproduktion: Pixelstorm, Wien
Druck und Bindung: Druckerei Theiss GmbH
St. Stefan im Lavanttal
7 6 5 4 3 2 1